Zeugenschaft bis zum Letzten

Georges Didi-Huberman

ZEUGENSCHAFT BIS ZUM LETZTEN

Victor Klemperer lesen

Aus dem Französischen von Petra Willim

Konstanz University Press

Titel der Originalausgabe:
Le Témoin jusqu'au bout. Une lecture de Victor Klemperer

Die Arbeit der Übersetzerin am vorliegenden Text wurde vom Deutschen Übersetzerfonds und aus Mitteln der DFG (Leibniz-Preis für Prof. Dr. Juliane Vogel) gefördert.

Bibliografische Information der Deutschen Nationalbibliothek

Die Deutsche Nationalbibliothek verzeichnet diese Publikation in der Deutschen Nationalbibliographie; detaillierte bibliographische Daten sind im Internet über http://dnb.d-nb.de abrufbar.

www.k-up.de | www.wallstein-verlag.de
Konstanz University Press ist ein Imprint der Wallstein Verlag GmbH

Vom Verlag gesetzt aus der Chaparral Pro
Umschlaggestaltung: Eddy Decembrino
bookSolutions Vertriebs GmbH, Göttingen
ISBN 978-3-8353-9174-1

»Ich war auf einen Stuhl in der Diele gezwungen worden, mußte alles mitansehen und -hören und zitterte immer um mein Tagebuch. Ich mußte beim Abhängen der schweren Gemälde helfen. Bisher war mir wenig Übles geschehen. [...] Ich glaubte schon, aus der Gefahr zu sein, als *Der Mythus des 20. Jahrhunderts* und mein Notizblatt daneben zur Katastrophe führten. Das vorige Mal, bei einem offenbar etwas höheren Beamten, hatten Buch und Notizen kaum Widerspruch erregt. Diesmal wurde mir *diese* Lektüre als furchtbares Verbrechen angerechnet. Das Buch wurde mir auf den Schädel gehauen, ich wurde geohrfeigt, man drückte mir einen lächerlichen Strohhut Kätchens auf [...] (Ohrfeigen und Tritte waren auch auch diesmal erträglich – aber mein armes Herz und die Angst um die weitere Entwicklung!) [...] Nur wurde unter heftigsten Drohungen darauf gedrungen, das Buch abzugeben und uns nicht zu unterstehen, weiter eine Leihbibliothek zu benutzen. [...] Gestern, und heute tagsüber, war ich sehr zerschlagen, der verstärkte Druck der Lebensgefahr, die weitere Drosselung, die grausame Unsicherheit lasteten sehr. Jetzt, gegen Abend, bin ich schon wieder beruhigter. Es muß auch so weitergehen. Irgendwelche bereichernde Lektüre wird sich schon finden, und das Tagebuch werde ich weiter wagen. Ich will Zeugnis ablegen bis zum letzten.«

Victor Klemperer, *Tagebuch*, 11. Juni 1942

»Was ihn bewegt, bewegt.«

Gottfried Ephraim Lessing, zitiert von Hannah Arendt in: *Menschen in finsteren Zeiten* (1959)[1]

1 Hannah Arendt, »Gedanken zu Lessing. Von der Menschlichkeit in finsteren Zeiten«, in: dies., *Menschen in finsteren Zeiten*. München/Zürich: Piper 1989, S. 18.

Inhalt

Von der emotionalen Tyrannei: »Es gibt kein Dennoch«

Gefühle führen in uns eine Teilung herbei. Vielleicht entsteht gerade wegen dieser mit den Gefühlen einhergehenden Teilung häufig der Wunsch, uns anderen mitzuteilen. Was macht ein Gefühl, wenn es in uns aufkommt, sich äußert oder gar herausplatzt? Es spaltet die Einheit des »Ich«. Es nagt an seiner Selbstbeherrschung, untergräbt die Kontrolle über Körper und Seele. Die Beschaffenheit jeder Sache – im Selbst und außerhalb des Selbst – gerät durcheinander, nur ein wenig (eine leichte Erschütterung des Gleichgewichts) oder im Übermaß (ein großer Ausbruch von Ungekanntem). Gefühle können im Gewebe der Welt einer Farbschattierung entsprechen oder einer Falte, ein vorübergehendes Rascheln erzeugen oder einen endgültigen Riss, einem kaum wahrnehmbaren Sandkorn gleichen oder dem allgemeinen Zusammenbruch der gesamten Umwelt. Die Schwierigkeit, Gefühle bis ins Letzte zu begreifen oder auch nur schlicht zu beschreiben, gründet darin, dass ihr unmittelbares Auftreten fast immer durch die Komplexität und Tiefe eines *Symptoms* verstärkt oder verhindert wird. Das Gefühl besteht nicht nur aus der spontanen Geste, in einem bestimmten Moment mit der Faust auf den Tisch zu schlagen; es umfasst ebenfalls den Zeitraum, in dem die Wut geschürt wird, bis sie in dieser Geste hervorbricht, wie auch das Danach. Solche Wut zu erfassen ist also keineswegs einfach, da sie alle möglichen psychischen Veränderungen voraussetzt, auf deren Grundlage dann die plötzliche Geste hervorbricht.

Ein Gefühl äußert sich häufig in einem Ausbruch, einer Gebärde. *Und dennoch* lässt es im Hintergrund sehr wohl andere Konturen erkennen, andere Gefilde oder Abgründe: einen ganzen Wald emotionaler Zustände. Ich mag wütend sein, *und dennoch* ist meine Zärtlichkeit oder meine Achtung gegenüber der Person, vor der ich mit der Faust auf den Tisch schlage, noch da, ungebrochen. Hinter meiner Geste mag ich vieles zurückhalten – aber es ist trotz allem zugegen und wirkmächtig. Ein Gefühl ließe sich mit dem gesprochenen Wort vergleichen, das zugleich viel Unausgesprochenes, viele Nuancen in sich trägt: In jedem »affektiven Geschehen« stecken zumindest zwei Bedeutungen, zwei Emotionen. Die Vielgestaltigkeit eines Gefühls – sein Anteil an Freiheit, könnte man sagen – sorgt dafür, dass sie stets sein Gegen-Motiv oder seine Gegen-Handlung mit einem *und Dennoch* hervorruft, das uns innerlich spaltet, sich aber auch insgeheim oder ausdrücklich an den anderen wendet. Man tadelt jemanden, *und dennoch* bewundert man ihn heimlich. Man bewundert ihn, *und dennoch* zeichnet sich dahinter das Schreckgespenst einer Rivalität, einer unausgesprochenen Aggressivität ab. Man legt verwegene Freude an den Tag, *und dennoch* stirbt man innerlich vor Angst. Man empfindet Furcht, *und dennoch* provoziert man jemanden dreist. Man errötet vor Scham, *und dennoch* vollzieht man ansatzweise eine Geste der Lust. Man ist verzweifelt, *und dennoch* verfolgt man starrköpfig das Ziel seiner Wünsche.

Viele bedeutende Schriften zeichnen sich dadurch aus, dass sie die unendliche Farbpalette dieser zwiespältigen, subtilen, paradoxen oder dialektischen Gefühle nachzuzeichnen verstanden. Das reicht von der klassischen Kurzformel »Geh', ich hasse Dich doch nicht …« – die weit mehr als eine Negation, weit mehr als eine Litotes ist, schon allein wegen des »Geh'«, das, indem es fast nichts sagt, so viel ausdrückt – bis hin zu den unendlich vielen Schattierungen emotionaler Erfahrungen in der Proustschen Welt. Diese Welt läuft mit Blick auf dieses »Un-Ding« Emotion auf das Gleiche hinaus wie die gesamte Malerei Monets, die

die Undinglichkeit von »Blumen«, »Gras«, »Wasserspiegel« oder »Himmel« zutage fördert: eine bis ins Unendliche wuchernde Mikrographie oder *Mikrologie* der Variationen und Unterschiede. Das heißt, es gibt eine Fülle von sensorischen und emotionalen Nuancen in ein und demselben empfindungsfähigen Leben.

Andere Arten des Schreibens – häufig die Zeugnisse aus sehr »finsteren Zeiten« – machten es dringlich, die Frage von hinten aufzurollen. Was wäre eine Emotion ohne ein *und Dennoch*? Welche Schreibweise wäre in der Lage, ihre Existenzweise nachzuvollziehen und zu entschlüsseln? Mir kommt die berühmte – äußerst aufschlussreiche – Passage aus dem zweiten Kapitel von Primo Levis Erzählung »Ist das ein Mensch?« in den Sinn: »Durstig wie ich bin, sehe ich vor dem Fenster in Reichweite einen schönen Eiszapfen hängen. Ich öffne das Fenster und mache den Eiszapfen ab, doch gleich kommt ein großer und kräftiger Kerl, der draußen herumging, und reißt ihn mir mit Gewalt aus der Hand. ›Warum?‹ frage ich in meinem beschränkten Deutsch. ›Hier ist kein Warum‹, gibt er mir zur Antwort und stößt mich zurück.

Die Erklärung hierfür ist grauenhaft und doch so einfach: an diesem Ort ist alles verboten; nicht aus irgendwelchen unerfindlichen Gründen, sondern weil das Lager zu diesem Zweck geschaffen wurde.«[1]

Wenn das Konzentrationslager der Ort par excellence ist, an dem es *kein Warum* gibt, könnte man dann nicht entsprechend die Hypothese aufstellen, dass der totalitäre Raum – in seinem sozialen, politischen, administrativen, juridischen, alltäglichen und affektiven Programm – grundsätzlich derjenige ist, der den menschlichen Emotionen dieses *kein Dennoch* aufzwingt? Diese ethische Frage wirft eine andere, mehr anthropologische auf: Gibt es nicht zu-

1 Primo Levi, *Ist das ein Mensch?*. Aus dem Italienischen von Heinz Riedt. München/Wien: Hanser 1988, S. 37.

mindest zwei einander entgegengesetzte Formen, mit der – intrapsychischen oder intersubjektiven – Erfahrung der Spaltung umzugehen, indem man entweder das *und Dennoch* in unseren affektiven Geschehnissen akzeptiert oder verweigert?

Das *und Dennoch* akzeptieren: Das meint, dass ein Gefühl, sobald es uns spaltet, uns dazu bringt, aus uns herauszugehen, uns dem anderen zuzuwenden, uns nicht in uns zu verschließen. Es liegt in der Kraft des Wortes *teilen*, das es zugleich die konstitutive Trennung (etwas zerteilen) wie auch die notwendige Vergemeinschaftung (etwas miteinander teilen) in sich trägt. Deshalb ist das, was uns im Inneren zerreißt, uns zerteilt, dasjenige, weshalb wir uns auf den anderen zubewegen und mit ihm fühlen. Mit dieser Geste akzeptieren wir die Andersartigkeit, die Alterität, genauso wie unsere Gemütsbewegung, die Alteration. Zweifellos sind wir gespalten, aber nicht gegenüber der Welt oder den anderen isoliert. Das *und Dennoch* auf sich nehmen bedeutet letztlich, dass wir in – und trotz – der konstitutiven Fragilität des affektiven Geschehens in uns abwägen und damit dessen beunruhigende Komplexität akzeptieren.

Die entgegengesetzte Haltung besteht darin, diese Fragilität, diese Komplexität zu verleugnen und jedes Abwägen (zwischen zwei oder mehreren Polen) auf eine Parteinahme zugunsten einer Seite einzufrieren. Dieser Haltung gemäß muss man sich für das *kein Dennoch* entscheiden: ohne Nuancen, ohne Zögern. Sie versucht, die emotionale Unruhe zu verringern, wenn die Gefühle einen Eiertanz aufführen. Aber was man dabei an Gewissheit und Macht gewinnt, verliert man bald an Andersartigkeit und Kraft. Der Affekt des *kein Dennoch* verschanzt sich und isoliert sich gewaltsam gegenüber jeder Andersartigkeit: keine Nähe, kein Pardon, keine Frage … Dieser Affekt basiert auf dem Ausschluss, auf der puren emotionalen Rivalität. Er blockiert jegliches Hinhören, jegliche Möglichkeit auf einen Dialog zwischen den Emotionen. Um dies zu erreichen, muss er seinen eigenen

Ausdruck und seine eigenen Inhalte so weit wie möglich vereinfachen, die Sprache auf ein *Dies* fixieren, das nichts von einem *Jenes* wissen will. Keine Nuancen mehr: Die den affektiven Vorgängen innewohnende Lebhaftigkeit wird zu einem unbeweglichen Block selbstbewusst auftretender Affektivität. Jede *andere* Emotion wird zur *feindlichen* Emotion.

Und schon entsteht eine emotionale Tyrannei, auf die die tatsächlichen – historischen, politischen – Tyranneien immer wieder zurückgegriffen haben. Schon Thukydides hebt in einer berühmten Passage des *Peloponnesischen Krieges* diesen Moment hervor, in dem der Krieg in ein Stadium gerät, das die schlimmsten tyrannischen Wünsche und mit ihnen die schlimmsten Leidenschaften entfesselt. Was er beschreibt, ist nichts anderes als eine breite Palette von psychischen Symptomen und kriminellen Gelüsten, die auf der von »Habgier (*pleonexía*) und [...] Ehrgeiz (*philotimía*)« angetriebenen »Herrschsucht« beruhen.[2] Schon vorab legt Thukydides Nachdruck auf die entscheidende Tatsache: nämlich dass sich der pathologische Gehalt eines solchen Phänomens darin kundtut, dass die *ethischen Werte* von den *affektiven* völlig losgelöst sind und dass damit der Sinn der Wörter, das Niveau der Sprache selbst verloren geht: »Und die bis dahin übliche durch Bezeichnungen ausgedrückte Bewertung von Verhaltensweisen wurde verändert, wie man es für richtig hielt: Hirnloses Draufgängertum galt plötzlich als tapferer Einsatz für die Freunde [...]; wie wahnsinnig zu toben hielt man für männlich. [...] Wer unentwegt hetzte, galt als vertrauenswürdig, wer ihm widersprach, als verdächtig. [...] Und Verwandtschaft wurde zu einer loseren Bindung als Parteizugehörigkeit, weil diese eher bereit war zu skrupellosem Handeln; denn nicht mit den geltenden Gesetzen zu gutem Zweck agieren derartige Gruppen, sondern

2 Thukydides, *Der peloponnesische Krieg*. Übersetzt von Michael Weißenberger. Berlin/Boston: De Gruyter 2017. Buch 3, S. 571–575.

wider das bestehende Gesetz zur Bereicherung. [...] wer in den Städten in führende Positionen gekommen war, pflegte in beiden politischen Lagern mit klangvollen Parolen« sich selbst zu preisen; »in ihrem mit allen Mitteln ausgetragenen Ringen um die Vormacht schreckten sie vor keiner Schandtat zurück [...]; und ob sie nun durch rechtswidrige Abstimmung oder durch nackte Gewalt sich die Vorherrschaft zu sichern versuchten, sie ließen dabei kein Mittel aus, ihre augenblickliche Gier nach dem Sieg zu befriedigen. Heilig war somit weder den einen noch den anderen irgendetwas; mit scheinheiligen Worten aber verschafften sich die, denen eine hässliche Tat geglückt war, einen besseren Namen (*euprepeía logou*).«[3]

3 Ebd., S. 206 ff.

Spaltung, Teilen, Isolation

Jeder tatsächlichen Tyrannei entspricht als Grundlage eine emotionale Tyrannei, die sich im öffentlichen Raum in einem bestimmten Sprachgebrauch niederschlägt: *kein Dennoch* und bald schon auch *kein Warum* ... Wer auf seine Emotionen hört, stellt sie zugleich in Frage – *Was? Wie? Warum?*; und indem er das tut, verwendet er eine Sprache des Teilens und des *und Dennoch*. Wer aber sich oder anderen Emotionen gewaltsam aufzwingen möchte, spricht eine andere Sprache, nämlich die der undifferenzierten Isolation, Bedeutungsblock steht gegen Bedeutungsblock. Die beiden Verwendungsformen von Sprache unterscheiden sich demnach nicht weniger als die beiden affektiven Schemata, indem sie über ihre unterschiedliche Semantik und der ihr jeweils entsprechenden Syntax die Signifikanten gemäß ihrer heterogenen psychischen Funktion organisieren. Es verwundert nicht, dass Sigmund Freud schon sehr früh diese Differenz problematisieren wollte. Er kommt nach einem größeren Zeitraum, der seine gesamte klinische Praxis und Theorie umfasst, wieder darauf zurück – ein Hinweis darauf, dass es sich hierbei in seinen Augen um ein grundlegendes anthropologisches oder »metapsychologisches« Paradigma handelt.

Mit der Spaltung der Psyche hat sich Freud tatsächlich schon zu Beginn befasst. In uns tun sich Risse auf – aus denen die Symptome emporschießen –, weil wir ständig ein Spielball unserer Konflikte sind. Hierbei handelt es sich um ein konstitutives Faktum: Von Geburt an sind wir zwiegespalten, unser Heranwachsen, Denken und Handeln ist zwiespältig. In einem seiner ersten Aufsätze, 1894 veröffentlicht, entwickelte Freud die grundlegende Hypothese von einer »Bewußtseinsspaltung« und, später im Text, einer

»Spaltung des Bewußtseinsinhaltes«, die aus der »Unverträglichkeit« einer Vorstellung mit dem sonstigen Selbstbild hervorgeht und damit auf der emotionalen Ebene – mithin auf der Ebene des Verhaltens und der Sprache – einen Konflikt auslöst; denn die in Frage stehende, im Grunde schmerzhafte, Spaltung trennt die psychische Vorstellung von ihrem ursprünglichen Affekt. Es entstehen aus dieser »Unverträglichkeit« entweder körperliche Leiden oder »falsche Verknüpfungen«, mithin Zwangsvorstellungen, oder Halluzinationen: folglich Symptome.[4]

Die klinische Beobachtung veranlasste Freud dazu, ein unterschiedliches Funktionieren dieser *Spaltung* zu konstatieren: Es gibt mindestens zwei Formen des Gespaltenseins. Bei der ersten verteidigt sich das Ich durch *Verdrängung.*[5] Die unverträgliche Vorstellung wird verworfen, aber nicht der Affekt; dieser ist weiterhin lebendig, wird aber verschoben und äußert sich auf unverständliche oder »symptomatische« Weise: »[…] ihr frei gewordener Affekt aber hängt sich an andere, an sich nicht unverträgliche Vorstellungen an […].«[6] In dieser Situation ist das Ich folglich der ständigen Gefahr einer *Wiederkehr des Verdrängten* ausgesetzt: Das ist das Schicksal aller Neurosen. Die andere Form der Spaltung ist radikaler: Sie mündet in die erbarmungslose Welt der Psychose. Freud schreibt, »daß das Ich die unerträgliche Vorstellung mitsamt ihrem Affekt verwirft […].«[7] Diese Art der Spaltung erlaubt nicht mehr die Realität des Konflikts und die Ambivalenz des *Teilens*: Sie mündet in eine Einbahnstraße, in das verhängnisvolle Schicksal einer

4 Sigmund Freud, »Die Abwehr-Neuropsychosen«. In: *Gesammelte Werke* (im Folgenden *GW*), Bd. I: *Werke aus den Jahren 1892–1899*. Frankfurt a. M.: Fischer 1977, S. 60, 61 und 66.

5 Freud verwendet in diesem frühen Aufsatz den Begriff der Abwehr, verdrängen taucht lediglich als Verb einmal auf, ist hier aber noch nicht *terminus technicus*. A. d. Ü.

6 Ebd., S. 65 f.

7 Ebd., S. 72.

unwiderruflichen *Isolation*, die Lacan dann im Gegensatz zur Verdrängung als *Verwerfung* bezeichnen wird.

Diese Unterscheidung taucht schon bei Freud unter anderem in *Der Wolfsmann* auf, von dem er schreibt: Dieser »verwarf« die Bedeutung der Kastration, er habe von ihr »im Sinne der Verdrängung« nichts wissen wollen: »Damit war eigentlich kein Urteil über ihre Existenz gefällt, aber es war so gut, als ob sie [die Kastration] nicht existierte.«[8] Ist damit nicht gesagt, dass es an der Schwelle zur Psychose *kein Urteil* (keine geistige Beunruhigung) und *kein Dennoch* (keine affektive Beunruhigung) gibt? Wir kennen all die theoretischen Lehren, die Lacan aus der Freudschen Unterscheidung zwischen den Prozessen der Neurosen und der Psychosen zu ziehen verstand: Verdrängung auf der einen Seite und *Verwerfung* (von Lacan 1956 mit »retranchement« und später mit »forclusion« wiedergegeben) auf der anderen.

In der Verdrängung, könnte man sagen, ›geht alles weiter‹ – selbst wenn ›es schlecht geht‹ oder ›schiefläuft‹ –, während bei der Verwerfung ›gar nichts mehr geht‹: ›Es gibt kein Durchkommen mehr‹. Lacan betont entsprechend, dass »die Verdrängung […] nicht von der Wiederkehr des Verdrängten unterschieden werden [kann], weshalb das Subjekt das, wovon es nicht sprechen kann, aus allen seinen Poren herausschreit.«[9] »Die Verwerfung« hingegen »hat damit jeder Bekundung der symbolischen Ordnung […] ein Ende bereitet.«[10] Was also »das Subjekt so *verworfen* hat«, das isoliert es tyrannisch von jeglicher Versprachlichung, von jeglicher »Offenheit zum Sein«[11] – also von den anderen. Das

8 »Aus der Geschichte einer infantilen Neurose.« [Der Wolfsmann]. In: *GW*, Bd. XII: *Werke aus den Jahren 1917–1920*. Frankfurt: Fischer 1986, S. 117.

9 Jacques Lacan, »Antwort auf den Kommentar von Jean Hyppolite über die ›Verneinung‹ von Freud« (1956), in: ders., *Schriften* I. Vollständiger Text. Aus dem Französischen von Hans-Dieter Gondek. Wien-Berlin: Turia + Kant 2016, S. 456.

10 Ebd., S. 458.

11 Ebd.

ist der typische Prozess der Psychose: Was *sprachlich verboten* ist, wird *im Realen wieder auftauchen*, beispielsweise in der Form der »tatsächlichen Tyrannei«, wie Thukydides sie einstmals in Erinnerung rief. »*Was nicht ans Licht des Symbolischen gekommen ist, erscheint im Realen*«,[12] schreibt Lacan, und das Reale wiederum erwartet »nichts vom Sprechen«.[13] In seinem Aufsatz über die Psychose von 1959 – ein Text, der auf 1957–1958 datiert ist, aber aus seinem Seminar 1955–1956 hervorgegangen ist –, gibt er diesen Sachverhalt mit folgenden Begriffen wieder: »Die *Verwerfung* wird also von uns für die *Verwerfung [forclusion] des Signifikanten* gehalten werden. [...] Das ist die einzige Form, in der es uns möglich ist, das zu begreifen, dessen Ergebnis uns Schreber als das eines Schadens präsentiert« und wofür Schreber selbst »das Wort ›Seelenmord‹« gebraucht.[14]

Der Hinweis auf die paranoische Psychose ist hier keineswegs Zufall. Schon in seinen ersten Schriften über Paranoia, angefangen bei seiner Doktorarbeit in Medizin im Jahre 1932,[15] verwendet Lacan den Begriff der Verwerfung. Mehr noch: Vielleicht erinnerte sich Lacan daran, dass die Frage der Psychose für ihn in einem historischen und politischen Kontext auftauchte, jenem der 1930er Jahre, in dem das Aufkommen des Faschismus seine paranoischen Botschaften, seine »Seelenmorde« und seine Sprechverbote gewaltsam durchsetzte, bevor in der Realität die Morde ganzer Bevölkerungen durch die politische und militärische Organisation »tatsächlicher Tyranneien« zum Vorschein kamen. Freud selbst, trotz seiner scheinbaren Zurückhaltung und apolitischen Haltung, versäumte es nicht, auf die tyrannischen

12 Ebd.

13 Ebd., S. 459.

14 Jacques Lacan, »Über eine Frage, die jeder möglichen Behandlung der Psychose vorausgeht« (1959), in: ders., *Schriften II*, a. a. O. 2015, S. 41 f.

15 Vgl. Jacques Lacan, *Über die paranoische Psychose in ihren Beziehungen zur Persönlichkeit und Frühe Schriften über die Paranoia*. Übersetzt von Hans-Dieter Gondek. Wien: Passagen Verlag 2002.

Geschehnisse seiner Zeit zu reagieren, und zwar mit einer Reihe von Überlegungen über die unterschiedlichen Arten, mit der die Verwerfung des Symbolischen die schlimmsten Affekthandlungen und die schlimmsten politischen Auswirkungen entfesselt: Das beginnt bei »Zeitgemäßes über Krieg und Tod« von 1915, setzt sich fort mit *Massenpsychologie und Ich-Analyse* von 1921 und *Die Zukunft einer Illusion* von 1927 und mündet schließlich in *Das Unbehagen in der Kultur* von 1930.[16]

Ist es verwunderlich, dass Freud an seinem Lebensabend, nachdem er gezwungen war, vor der nationalsozialistischen Unterdrückung zu fliehen, es unternahm – ohne dass er seine Schrift beenden konnte –, ein weiteres Mal die Auswirkungen der *Spaltung* zu überdenken?[17] Ist es verwunderlich, dass er in ebendiesem Jahr 1938 für sein letztes Werk, *Der Mann Moses und die monotheistische Religion*, zwei verschiedene Vorworte verfassen musste, eines von Wien aus (vor dem sogenannten »Anschluss« Österreichs ans Dritte Reich im März) und das andere (im Juni) von London aus? »Wir leben in einer besonders merkwürdigen Zeit. Wir finden mit Erstaunen, daß der Fortschritt ein Bündnis mit der Barbarei geschlossen hat.«[18] Was soll man angesichts dessen tun? Freud antwortete, dass man einfach – mögen die Umstände auch noch so kompliziert sein – beharrlich weiter fragen und denken müsse und deshalb nicht aufhören dürfe, *die Augen zu öffnen*, genauer: *die Symptome* über die bloßen Tatsachen hinaus *zu beobachten*, um darin, so sagt er am Ende, etwas wie den Gehalt »an historischer Wahrheit«[19] zu suchen.

16 Vgl. *GW*, Bd. X, S. 324–355; *GW*, Bd. XIII, S. 71–161; *GW*, Bd. XIV, S. 325–380; *GW*, Bd. XIV, S. 419–506.

17 Vgl. »Die Ich-Spaltung im Abwehrvorgang«, in: *GW*, Bd. XVII, S. 57, 59–62.

18 »Vorbemerkung I (*Vor dem März 1938*)« zum dritten Teil von *Der Mann Moses und die monotheistische Religion*, in: *GW*, Bd. XVI, S. 156.

19 »Vorbemerkung II (*Im Juni 1938*)«, ebd., S. 160.

Victor Klemperer, Philologe der totalitären Sprache

Zur selben Zeit, als Freud diese Worte schrieb, widmete sich ein Mann in Dresden ganz allein einer sehr ähnlichen Arbeit, die er 1933, als Hitler an die Macht kam, begonnen hatte – ein Akt der Beharrlichkeit, des leisen Widerstandes und des Blicks auf Symptome, um etwas von der »historischen Wahrheit« des Augenblicks ans Licht zu bringen. Dieser Mann war Victor Klemperer. Er war weder Psychoanalytiker noch Philosoph, sondern schlicht (aber das ist freilich schlecht ausgedrückt) Philologe. Intellektuell stand er anderen Romanisten nahe wie etwa Karl Vossler, Ernst Robert Curtius oder Leo Spitzer; schon vor dem Krieg galt er als anerkannter Spezialist für die französische Literatur der Aufklärung.[20] Die außergewöhnlichen Umstände – und Schwierigkeiten – in seinem Leben führten dazu, dass seine *Geschichte der französischen Literatur im 18. Jahrhundert* erst sehr viel später, nämlich in den 50er und 60er Jahren, veröffentlicht wurde.[21]

Vom Hitler-Regime verfolgt, brachte es Klemperer niemals fertig, seine Emigration zu planen – ja noch nicht einmal, sie wirklich anzustreben. Da er mit einer Protestantin verheiratet war, glaubte er sicherlich eine Zeit lang, dies würde ihn schützen; anschließend war es zu spät, um aus seiner schönen Stadt Dresden zu fliehen, sie wurde ihm zur Hölle. Wie dem auch sei; zunächst auf sein Zuhause beschränkt, dann in ein sogenanntes »Judenhaus«[22] ver-

20 Vgl. *Victor Klemperer. Ein Leben in Bildern*. Hg. von Christian Borchert, Almut Giesecke und Norbert Nowojski. Berlin: Aufbau 1999.

21 Victor Klemperer, *Geschichte der französischen Literatur im 18. Jahrhundert*. 2 Bde. Berlin: Deutscher Verlag der Wissenschaften 1954–1966.

22 In der Behördensprache der NS-Zeit waren »Judenhäuser« Häuser aus

bannt – die vorbereitende Etappe für eine »Umsiedlung« nach Theresienstadt und Auschwitz –, hörte er als Philologe, der all seiner gelehrten Bücher beraubt war, niemals auf, *seine Zeit und seinen Raum* im politischen, sozialen, journalistischen, alltäglichen und phantasmatischen Sinn aus der Perspektive seines eigenen Ausgegrenztseins *zu lesen*. Selbst in besonders schwierigen Zeiten, in denen er wie ein Sklave acht bis neun Stunden am Tag in einer Verpackungsfabrik arbeiten musste, unterließ er es niemals, ein heimliches Tagebuch zu führen, dessen circa fünftausend Blätter nach und nach abschnittsweise an eine »arische« Freundin gesandt und im Hohlraum einer Mauer versteckt wurden.

Aus diesem außergewöhnlichen Tagebuch ging 1947 das berühmteste Werk Victor Klemperers hervor: das *LTI* [Lingua Tertii Imperii – die Sprache des Dritten Reichs], untertitelt: *Notizbuch eines Philologen*.[23] Nach Jahren des Nichtbeachtetwerdens – wie dies auch das Schicksal anderer wichtiger Zeugnisse aus dieser Zeit war – erlangte Klemperers Buch den Rang eines unersetzlichen Dokuments und gleichzeitig eines historischen wie philologischen »Denkmals«, das detailliert die Struktur der Nazi-Sprache beschreibt. Es ist durchaus bedauerlich, dass Jean-Pierre Faye in seinen berühmten Büchern zu diesem Thema den Analysen Klemperers nicht die Aufmerksamkeit schenkte, die sie verdient hätten, obwohl die Untersuchung von »Bedeutungsänderungen«, die Worte erfuhren, oder gängiger Begriffe wie beispielsweise *Volk* das *LTI* zum unmittelbaren Vorgänger aller Semiologie totalitärer Sprachen im Allgemeinen macht.[24] Wahrscheinlich dürfte das

jüdischem Eigentum, in die jüdische Mieter und Untermieter zwangsweise eingewiesen wurden. A. d. Ü.

23 Victor Klemperer, *LTI. Notizbuch eines Philologen*. 24., völlig neu bearbeitete Auflage. Nach der Ausgabe letzter Hand, hg. und kommentiert von Elke Fröhlich. Stuttgart: Reclam 2010.

24 Vgl. Jean-Pierre Faye, *Theorie der Erzählung. Einführung in die »tota-*

Unsystematische von Klemperers Text, in dem die theoretischen Anmerkungen nur inmitten von konkreten, wenn nicht sogar intimen Schilderungen auftauchen, verhindert haben, dass, zumal in Zeiten des Strukturalismus, die Tiefe seiner Analyse die angemessene Anerkennung fand.

Klemperer betrachtete sich in erster Linie als einen Kliniker der Sprache: einen Beobachter von Symptomen. Diesen Scharfsinn hat man mittlerweile voll und ganz gewürdigt, und das ist nur gerecht. Seine Pionierleistung bei der Analyse totalitärer Sprachen ist seither allgemein anerkannt.[25] Aber man tat dies allzu häufig um den Preis, dass man seine Beobachtungen zur Affektivität der Sprache, also zur darin zum Ausdruck kommenden *emotionalen Spaltung*, überging. Man tat dies auch, indem man vor seiner eigenen *emotionalen Sprache* zurückwich: als dürfe der Beobachter einer totalitären Sprache – die selbst mit brutalen, tyrannischen, *kein Dennoch* zulassenden Affekten überladen ist – in seinem eigenen Schreiben keinerlei *Pathos* einfließen lassen; als habe er all *seine Emotionen* von seinem Denken *isolieren* müssen, damit dieses ein Mindestmaß an Seriosität aufweise. Es ist verblüffend, dass W. G. Sebald in seinem Essay von 1999 über *Luftkrieg und Literatur* in der Sprache Klemperers nichts anderes sah als einen Stil, der »innerhalb der von der sprachlichen Konvention gezogenen Grenzen« verbleibe: nichts also, was, ihm zufolge, direkten Bezug zu der geschichtlichen Erfahrung der Gewalt habe und in seinen Augen sogar »Zweifel [...] an der Authentizität der [darin] aufgehobenen Erfahrung« aufkommen lasse.[26]

litären Sprachen«. Aus dem Französischen von Jürgen Hoch. Frankfurt: Suhrkamp 1977. – Ders., *Totalitäre Sprachen. Kritik der narrativen Vernunft, Kritik der narrativen Ökonomie*. 2 Bde. Aus dem Französischen von Irmela Arnsberger. Frankfurt/Berlin/Wien: Ullstein 1977. – Ders., *Le Langage meurtrier*. Paris: Hermann 1972.

25 Vgl. Laurence Aubry und Béatrice Turpin (Hg.), *Victor Klemperer. Repenser le langage totalitaire*. Paris: CNRS Éditions 2012.

26 W. G. Sebald, *Luftkrieg und Literatur*. München: Hanser 1999, S. 34 f.

Éric Hazan, Autor eines Aufsatzes über den zeitgenössischen Neusprech – in Politik, Werbung und Ökonomie – fasste sein Lob auf das Modell von Klemperers Unterfangen in folgende Worte: »Trotz der Umstände, unter denen er schrieb, stößt man in diesem Buch nirgends auf *Pathos*.«[27] Laurence Kahn wird aus dem Vorwand, die gesamte Nazi-Sprache sei von mythischen und beschwörenden Regungen durchdrungen, den – aus philosophischer Sicht sehr klassischen – Schluss ziehen, man müsse »dem *Pathos* und seinem Verrat« entkommen, also »die Vortäuschung von Affekt« verringern, wenn man irgendwie auf die totalitäre Umklammerung reagieren oder sich ihr widersetzen wolle.[28] Kann man aber den *isolierten Emotionen* der totalitären Welt – die sich in dem von Hervé Mazurel analysierten »militärischen Enthusiasmus« abzeichneten, in der von Ute Frevert beschriebenen »Politik der Emotionen« umgesetzt wurden und schließlich in den von Richard Rechtman hinterfragten »Paroxysmen« der Völkermörder gipfelten – als einzigen Garanten eines freien und analytischen Geistes nichts anderes entgegensetzen als eine rein rationale *Isolation aller Affekte*?[29]

Gegen diese wenig dialektischen Dichotomien kann man schon die grundsätzliche Bemerkung Hannah Arendts ins Feld führen, die aus einem ihrer letzten Bücher, *Macht und*

27 Éric Hazan, *LQR. La propagande au quotidien*. Paris: Raisons d'agir 2006, S. 11.

28 Laurence Kahn, *Ce que le nazisme a fait à la psychanalyse*. Paris: PUF 2018, S. 11–14 und 227f.

29 Hervé Mazurel, »Enthousiasmes militaires et paroxysmes guerriers«, in: *Histoire des émotions*. Bd. II: *Des Lumières à la fin du XIXe siècle*, hg. von Alain Corbin. Paris: Seuil 2016, S. 227–256. – Ute Frevert, »Glaube, Liebe Hass. Die nationalsozialistische Politik der Gefühle«, in: *München und der Nationalsozialismus. Katalog des NS-Dokumentationszentrums München*, hg. von Winfried Nerdinger. München: Beck 2015, S. 482–489. – Richard Rechtman, »Que ressentent les genocidaires lorsqu'ils tuent?«, in: *Histoire des émotions*. Bd. III: *De la fin du XIXe siècle à nos jours*, hg. von J.-J. Courtine. Paris: Seuil 2017, S. 247–266.

Gewalt stammt (einem Buch, dessen Analysen übrigens bei einer Vielzahl von Themen mit denen übereinstimmen, die schon Klemperer zur Sprache brachte): »Gefühlskälte ist kein Kennzeichen von Vernunft. ›Objektivität und Gleichmut‹ angesichts unerträglichen Leidens können in der Tat mit Recht ›Furcht‹ erregen, nämlich dann, wenn sie nicht Ausdruck der Selbstkontrolle sind, sondern die offenbare Manifestation der Unrührbarkeit. Um vernünftig reagieren zu können, muß man zunächst einmal ansprechbar sein, ›bewegt‹ werden können; und das Gegenteil solcher Ansprechbarkeit des Gemüts ist nicht die sogenannte Vernunft, sondern entweder Gefühlskälte – gemeinhin ein pathologisches Phänomen – oder Sentimentalität, also eine Gefühlsperversion.«[30]

Man hat sich also, was den Stil Victor Klemperers anbetrifft, geirrt, indem man aus seiner analytischen Akribie, seinem Sinn für präzise Beschreibungen den fragwürdigen Schluss auf ein angebliches Fehlen von Emotionen zog. Martin Walser sprach 1996 in einer Laudatio zur Erinnerung an Victor Klemperer von einem *Prinzip Genauigkeit,*[31] einem sehr treffend gewählten Wort, da es eine dreifache Qualität entfaltet: eine *epistemische* (die Genauigkeit), eine *ethische* (die Rechtmäßigkeit), aber auch eine *affektive*, denn ein Instrument, das präzise sein soll wie etwa ein Seismograph, muss entsprechend sensibel sein: fähig, von den Umständen »affiziert« oder beeinflusst zu werden. Klemperer selbst hat in einem langen Aufsatz über die europäische Literatur, der 1929 in der Zeitschrift *Logos* erschien, James Joyce großes Lob gezollt, bei dem, so sagt er, das feinfühlige »Genie« und die »wissenschaftliche Exaktheit« stets miteinander Hand in Hand gingen – und all das mit einem außergewöhnlichen analytischen Sinn für die menschlichen

30 Hannah Arendt, *Macht und Gewalt* (1970). Aus dem Englischen von Gisela Uellenberg. München/Zürich: Piper Verlag 1970, S. 65.

31 Martin Walser, *Das Prinzip Genauigkeit. Laudatio auf Victor Klemperer.* Frankfurt: Suhrkamp 1996.

Emotionen gepaart sei. Joyce' Kunst im *Ulysses*, schreibt Klemperer, komme daher, dass »in jedem Augenblick der gesamte Inhalt des Bewußtseins und Unterbewußtseins dieser Menschen [der Joyce'schen Figuren] ausgeschüttet wird, all ihre Ideen-Assoziationen, all ihr ganzes und halbes Erinnern, und dies, wie gesagt, mit der pedantischsten Konsequenz, mit der letzten wissenschaftlichen Exaktheit und Schamlosigkeit, [entsprechend] erhält man tatsächlich ein Gesamt- und Weltbild heutiger Geistigkeit […]«.[32] Kurzum, es gibt nach Ansicht des Philologen – wie auch des Psychoanalytikers – einen historischen Wahrheitsgehalt gerade dort, wo die Schreibweise von einem aufmerksamen Blick auf die kleinsten Dinge zeugt, sofern diese keine bloßen Nichtigkeiten darstellen, sondern *Symptome*, in denen sich Emotionen wie auch deren Spaltungen sedimentieren.

Es besteht kein Zweifel, dass das *LTI* ein Buch von großer emotionaler Schamhaftigkeit ist. Gerade im Namen dieser Schamhaftigkeit erwies sich Klemperer nach dem Krieg als äußerst streng gegenüber den »sentimentalen Verschönerungen« einiger Berichte aus dem Ghetto, deren Schwäche in seinen Augen in der Verwendung romanhafter oder romantischer Stereotype bestand, eines »literarischen Schmucks« in den Formulierungen, die, so sagt er, »manchmal etwas angelesen und überaltert, manchmal ein bißchen geschmacklos klingen«.[33] Das *LTI* erweist sich hingegen als ein durchaus schamhaftes Buch; aber das will nicht heißen, dass es deswegen nicht *»erschütternd«* wäre – wie Philippe Roger treffend bemerkte, als er darauf hinwies, dass das »*LTI* auf jeder Seite die Gefühlsintensität mit einer humorvollen Strenge« vermenge[34] – noch dass es aufgrund all dessen, was

32 Victor Klemperer, »Weltliteratur und europäische Literatur«, in: ders., *Vor 33 / nach 45. Gesammelte Aufsätze*. Berlin: Akademie Verlag 1956, S. 65.

33 Ders., »Inferno und Nazihölle. Bemerkungen zu den ›Tagebüchern aus dem Ghetto‹«, in: *Neue deutsche Literatur*, Nr. 9–10. 1959, S. 249.

34 Philippe Roger, »Victor Klemperer. Le philologue et les fanatiques«, in: *Critique*, Nr. 612, 1998, S. 197.

es über das Erlittene berichtet, nicht zutiefst *»betroffen«* machte. Seine Schamhaftigkeit wehrt keineswegs die notwendige Beschreibung dessen ab, was ein totalitäres Umfeld Menschen aufzwingen kann. Aber sein Bericht, der ständig von einer Greueltat zur nächsten hastet, enthält sich tatsächlich jeglicher Klage über den eigenen Zustand: und das insofern, als es – trotz des sehr bescheidenen Untertitels *Notizbuch eines Philologen* – nicht nur zu schildern gilt, was allein den Wörtern angetan wird, noch, was dem Autor als Individuum passiert – obwohl dieser Text aus einem geheimen Tagebuch hervorgegangen ist. Alain Rey hat in seinem Buch *La Langue sous le joug* [Die Sprache unterm Joch] von dieser Vielschichtigkeit des *LTI* Rechenschaft abgelegt, indem er unterstrich, dass die darin enthaltenen Analysen über die »Pervertierung einer Sprache« durch die Nazis niemals »den Sinn für Emotionen« verlören, denen Klemperer ebenso von sich aus stets Ausdruck verleihe, wie er sie auch beim Leser hervorrufe.[35]

Der Autor des *LTI* präsentiert sich de facto als Erzähler oder *Chronist einer bestimmten Zeit* in einem bestimmten Raum. Er verfasst also – im Sinne einer »Mikrogeschichte« – ein geschichtliches Werk, aber auch ein sozialpsychologisches und eines, so könnte man sagen, der politischen Anthropologie, das sich auf die geringfügigsten Gesten und Wörter einer Epoche konzentriert. Aber was ist ein »geringfügiges Wort« anderes als der Kristall einer Art und Weise zu reden? Und was ist eine Sprache anderes als der Kristall unserer Art und Weise zu fühlen, zu denken, berührt zu sein, zu handeln? Kurzum, Sprache ist nicht ein »Bereich«, sondern vielmehr das Medium, das jegliches menschlich konstituierte Leben beleuchtet. Genau deshalb lässt sich an Victor Klemperers Lieblingsspruch *In lingua veritas* eher eine Anthropologie als eine Philologie im engeren Sinne ab-

35 Alain Rey, *La Langue sous le joug*. Mont-Saint-Aignan: Publications des universités de Rouen et du Havre 2011, S. 14.

lesen: in der Sprache kommen alle Dimensionen der Existenz zusammen und aus ihr gehen sie auch hervor … selbstverständlich mit allen ihren Spaltungen und Symptomen.

Wolfgang Mieder hat zutreffend die Schreibweise Klemperers als ein »Zeugnis« betrachtet, das die Funktion eines »Sprichworts« übernehmen kann;[36] und zwar als ein Wort, das sich *vor* (*pro*) die *Wörter* selbst (*verba*) stellen kann; das es also ermöglicht, daraus Gesten oder Bilder, Gedanken oder Handlungen oder sogar Weisheit entstehen zu lassen (früher nannte man biblische, prophetische oder poetische Sentenzen, die als Wahrheit oder ethisch überzeugend galten, *Proverbien*). Sprache als *pro-verbal* zu bezeichnen, bedeutet also, dass sie all unsere Empfindungsweisen, all unsere Arten zu sein, all unsere Gründe zu handeln beleuchtet und neu gestaltet – und das im besten wie im schlechtesten Sinne. Dass Sprache alles »beleuchtet«, bedeutet auch, dass sie sich von nichts abtrennen lässt: Ebendarum kann Sprache, wenn sie in ihrer Funktionsweise von politischer Gewalt ergriffen ist, paradoxerweise auch – wie Frédéric Joly in *La langue confisquée* hervorhebt[37] – den Terror transportieren und ihm zum bewaffneten Handlanger werden.

Es ist eine der großen Stärken von Klemperers Analysen, uns bestimmte wesentliche Paradigmen des sozialen und historischen Lebens im Allgemeinen konkret vor Augen zu führen – Paradigmen, die in verschiedenen Bereichen der Geisteswissenschaften seit mindestens einem Jahrhundert eine Rolle spielten. Wenn er zum Beispiel von der beängstigenden Ausdehnung der NS-Bestimmungen auf alle Aspekte des zivilen Lebens berichtet, entdeckt man darin wieder, was Georg Simmel in seiner großen *Soziologie* unter der »Negativität kollektiver Verhaltensweisen« verstanden

36 Wolfgang Mieder, *»In Lingua Veritas«. Sprichwörtliche Rhetorik in Victor Klemperers Tagebüchern*, 1933–1945. Wien: Edition Praesens 2000.

37 Frédéric Joly, *La langue confisquée. Lire Victor Klemperer aujourd'hui.* Paris: Premier Parallèle 2019, S. 17 f.

hat, die mit eben einer solchen Ausdehnung ihren Ausgang nimmt: Je mehr ein politisches Regime versuche, »eine größere Zahl divergenter religiöser Gefühls- und Interessenkreise« zu vereinheitlichen, je bindender die Normen seien, desto größer werde der »negative Charakter des Bandes«.[38] In diesem Zusammenhang sei auf die jüngst erschienene Untersuchung von Johann Chapoutot über *La Révolution culturelle nazie* [Die nationalsozialistische Kulturrevolution] verwiesen oder auf die von Christian Ingrao über die Rolle der Intellektuellen – dieser Sprachmenschen – inmitten der Terrormaschine der SS selbst.[39]

Zudem sollte eine Reflexion über den Sprachgebrauch in einer Gesellschaft zu einem bestimmten historischen Zeitpunkt nicht die psychische Dimension außer Acht lassen. Liest man Klemperer, so kann man beispielsweise leicht den Bogen zur Phänomenologie des rassistischen Hasses schlagen, die zur gleichen Zeit von Aurel Kolnai entworfen wurde;[40] oder zu den Auswirkungen von Träumen – da, wo politisches Geschehen am tiefsten in unsere »Spaltungen« eindringt –, von denen Charlotte Beradt, ebenfalls in denselben Jahren, eine außerordentliche Sammlung zusammengetragen hat;[41] oder auch zu den zugleich autobiogra-

38 Georg Simmel, *Soziologie. Untersuchungen über die Formen der Vergesellschaftung* [1908]. Bd. 11 der Gesamtausgabe, hg. von Otthein Rammstedt. Frankfurt a. M.: Suhrkamp 1992, S. 535 und 534. [Unter »Negativität« versteht Simmel, dass größere Gesellschaftskreise sich nur auf ausschließlich negative, d. h. ablehnende Normen einigen können und zugleich die Zahl der gemeinsamen Normen kleiner wird, je mehr Menschen vereint werden sollen. A. d. Ü.]

39 Vgl. Johann Chapoutot, *La Révolution culturelle nazie*. Paris: Gallimard 2017. – Vgl. Christian Ingrao, *Hitlers Elite. Die Wegbereiter des nationalsozialistischen Massenmords* [2010]. Aus dem Französischen von Enrico Heinemann und Ursel Schäfer. Berlin: Ullstein Buchverlage 2012.

40 Vgl. Aurel Kolnai, »Versuch über den Hass«, in: ders., *Ekel, Hass, Hochmut. Zur Phänomenologie feindlicher Gefühle*. Frankfurt: Suhrkamp 2007, S. 100–142.

41 Vgl. Charlotte Beradt, *Das Dritte Reich des Traums*. Hg. und mit einem Nachwort versehen von Barbara Hahn. Berlin: Suhrkamp 2016.

phischen wie psychoanalytischen Überlegungen von Bruno Bettelheim über das Verhalten »in Extremsituationen« – eben in Konzentrationslagern – und über die »psychologische Verführung des Totalitarismus«.[42]

Sollte man schließlich nicht auch daran erinnern, dass es eine ethische Dimension par excellence in sich birgt, wenn man *in der Sprache* oder gegenüber der um einen herum praktizierten Sprache *Stellung bezieht*? In dieser Perspektive verkörpert Klemperer auf bewundernswerte Weise jenen *Mut zur Wahrheit* – »die Wahrheit des Mutes und de[n] Mut, die Wahrheit zu sagen« – den Michel Foucault in seinem Spätwerk hervorhob.[43] Erinnern wir uns an die letzte Sitzung dieser letzten Vorlesung im Jahr 1984: »Aber was ich zum Abschluß hervorheben möchte, ist folgendes: Es gibt keine Einsetzung der Wahrheit ohne eine wesentliche Setzung der Andersheit; die Wahrheit ist niemals dasselbe [...].«[44] Ist es nicht gerade das, was Victor Klemperer mit seinem *LTI* ins Werk setzte? *Seine Andersheit geltend zu machen*: einesteils als Jude, andernteils als Garant oder Wächter der höchsten Werte der deutschen Sprache ... Und dabei *sich* von den anderen, die ihn umgaben oder sogar bedrohten, *nicht zu isolieren* und so *den anderen*, und sei es die Gestapo, bis in die intimsten Automatismen seiner Sprache und seines Denkens *zu betrachten* ... Das Überleben Klemperers hing vielleicht, so legt es Lothar Zieske nahe, mit jener Leidenschaft, »über Leben [zu] schreiben«, zusammen, indem er sein Leben unaufhörlich mit dem der anderen teilte, sich

42 Vgl. Bruno Bettelheim, »Individuelles und Massenverhalten in Extremsituationen« [1943]. Deutsch von Edwin Ortmann. In: *Erziehung zum Überleben. Zur Psychologie der Extremsituation*. Stuttgart: Deutsche Verlagsanstalt 1980, S. 58–95. – Ders., »Die psychische Korruption durch den Totalitarismus«. Ebd., S. 331–347.

43 Michel Foucault, *Der Mut zur Wahrheit. Die Regierung des Selbst und der anderen. Bd. II. Vorlesungen am Collège de France 1983/84*. Aus dem Französischen von Jürgen Schröder. Berlin: Suhrkamp 2010, S. 207.

44 Ebd., S. 438.

austauschte und konfrontierte.[45] Eine *Leidenschaft*, mithin ein fundamentaler Affekt, der die Voraussetzung für *Widerstands*fähigkeit in sich birgt. Es geht also darum, wie Alain Brossat gezeigt hat, eine eigene Sprachethik zu entwickeln oder einen ruchlosen Sprachgebrauch zu kritisieren, der dazu dient, eine ganze Gesellschaft zu unterjochen, indem man sie zu isolierten Affekten, eindimensionalem Denken und Terrorakten verdammt.[46]

45 Lothar Zieske, *Schreiben überleben, über Leben schreiben. Aufsätze zu Victor Klemperers Tagebüchern der Jahre 1933 bis 1959*. Berlin: Hentrich & Hentrich 2013.

46 Alain Brossat, »Résister dans la langue«. Nachwort zur französischen Ausgabe des *LTI*, in: *LTI, la langue du IIIe Reich. Carnets d'un philologue*. Ins Französische übersetzt von Élisabeth Guillot. Paris: Albin Michel 1996, S. 363–373.

Teilen, betrachten, widerstehen

Sprechen entzweit uns innerlich. Wir äußern ein einziges Wort, und schon springt es über und trägt unsere eigenen Assoziationen wie auch unsere emotionalen Dissoziationen mit sich fort. Und gleichwohl sprechen wir, um unsere Existenz mit dem anderen zu teilen. Wir teilen also, teilen uns mit, obgleich sich zwischen uns und dem anderen wie auch in unserem Inneren eine Kluft auftut. Die grundlegende Frage ist, wie wir mit diesen Spaltungen umgehen: Dialektik des *Teilens* – im doppelten Wortsinn – oder *Verwerfung* ohne Gegenseitigkeit, tyrannische Isolation? *Und dennoch* oder *kommt nicht in Frage*? Als er das *LTI* schrieb, hatte Victor Klemperer die Absicht, mit Worten eine totalitäre Umgebung zu beschreiben, die tiefgreifend nicht nur die Politik seiner Zeit, sondern auch die Psyche und die Sprache eines ganzen Volkes zu verändern in der Lage war. Sein Gegenstand war also die *Isolation*, die von paranoiden Losungen und radikalen Hassparolen propagiert wurde und aus der mörderische Verhaltensweisen hervorgingen.

Aber all das brachte Klemperer in einem ganz eigenen Stil zum Ausdruck: einem Stil, der sich hartnäckig dem *Teilen* verschrieben hat. Es ist der Stil des Überlebenden, der in gewisser Weise nicht aufhört, sich beim Leben zu bedanken. Bevor er die schrecklichen Verwerfungen der Nazi-Sprache beschrieb, leitete Klemperer seinen Text mit einer *Liebe*serklärung an seine Ehefrau Eva ein: »Denn ohne Dich wäre dieses Buch nicht vorhanden und auch längst nicht mehr sein Schreiber.«[47] Anschließend verschrieb sich Klemperer einer anderen typischen Form des Teilens: dem *Humor*. Warum

47 Victor Klemperer, *LTI*, a. a. O., S. 7.

LTI? Natürlich wegen BDM, HJ und DAF – Bund Deutscher Mädel, Hitlerjugend und Deutsche Arbeitsfront – ganz zu schweigen von SS für Schutzstaffel ... Klemperer präsentiert also seine eigene Formel als »parodierende Spielerei«[48] auf die totalitären Organisationen, die ihn ein Dutzend Jahre lang unablässig in Lebensgefahr gebracht hatten.

Diese Art von Humor ist auch eine Form des *Widerstandes*: »[...] als eine Notwehr, als ein an mich selbst gerichteter SOS-Ruf steht das Zeichen LTI in meinem Tagebuch.«[49] *LTI* bezeichnet also die »Sprache des Dritten Reichs«, allerdings mittels der *Distanz*, die es dem Romanisten Klemperer gestattet, dies in einer Sprache zu formulieren, die gerade nicht Deutsch ist: *Lingua Tertii Imperii*. Es war ebendiese Distanz, die es ihm ermöglichte, nicht den Kopf zu verlieren, in der unerträglichen Luft des Nationalsozialismus nicht zu ersticken. Mit ihr assoziiert er die Metapher des Seiltänzers, der dank seiner Balancierstange – das heißt: seines Tagebuchs – über das Seil geht. Diese Distanz steht sinnbildlich auch dafür, was den notwendigen *Blick* auf diese abscheuliche Welt ausmacht, nämlich trotz allem, gerechtfertigt durch den kategorischen Imperativ, mit einem gewissen Abstand – was enorm schwierig ist – das Geschehen zu beobachten, es zu bezeugen und es zu begreifen: »Mein Tagebuch war in diesen Jahren immer wieder meine Balancierstange, ohne die ich hundertmal abgestürzt wäre. In den Stunden des Ekels und der Hoffnungslosigkeit, in der endlosen Öde mechanischster Fabrikarbeit, an Kranken- und Sterbebetten, an Gräbern, in eigener Bedrängnis, in Momenten äußerster Schmach, bei physisch versagendem Herzen – immer half mir diese Forderung an mich selber: beobachte, studiere, präge dir ein, was geschieht – morgen sieht es schon anders aus, morgen fühlst du es schon anders; halte fest, wie es sich eben kundgibt und wirkt.«[50]

48 Ebd., S. 19.
49 Ebd.
50 Ebd.

Auch schließt das *LTI* seine Reise durch die Sprache des Albtraums mit der ein oder anderen humorvollen Bemerkung. Zunächst erläutert Klemperer, dass er in dem deutschen Durcheinander nach der Bombardierung Dresdens und während des Näherrückens der alliierten Truppen dank einer kleinen graphischen Operation in seinen Ausweispapieren überleben konnte, durch die aus dem jüdischen Namen *Klemperer* der sehr deutsche Name *Kleinpeter* wurde.[51] Dann langten die amerikanischen Truppen in dem Dorf an, in dem er vorübergehend einen Unterschlupf gefunden hatte, und Klemperer konnte einige Zeit »ins frei gewordene Amtshaus übersiedeln«. Es war der 28. April 1945 und noch sehr kalt: »Die ganze erste Woche habe ich hier mit Hitlerbildern, mit Hitlerrahmen und Hakenkreuzen und Hakenkreuzfahnentuch, und immer wieder mit Hitlerbildern geheizt, es war mir immer wieder eine Seligkeit.«[52] Die süße Rache eines Mannes, der sonst keiner Fliege etwas zuleide tun konnte.

Von hier aus definiert sich die wesentliche Aufgabe: die »Sprache unterm Joch« zu beschreiben, diese deutsche Sprache, die gewaltsam für die totalitäre Organisation des gesamten Lebens der Bevölkerung herangezogen wurde. Die Organisation selbst zeichnete sich durch den Ausschluss und die Verfolgung eines Teils dieser Bevölkerung aus, der jüdischen Minderheit an erster Stelle. »Wie viele Begriffe und Gefühle hat sie [die Sprache des Dritten Reichs] geschändet und vergiftet!«[53] Eine ganze Kultur, eine ganze Existenzweise wurde damals umgeformt – *nach dem Bild dieser Sprache*: eine allgemeine Beobachtung, die Klemperer die französische Sentenz aufgreifen lässt »Le style c'est l'homme« [Der Stil macht den Menschen aus], allerdings müsse man sie so verstehen: »Was jemand wil-

51 Ebd., S. 98 f.
52 Ebd., S. 316.
53 Ebd., S. 10.

lentlich verbergen will, sei es nur vor anderen, sei es vor sich selber, auch was er unbewußt in sich trägt: die Sprache bringt es an den Tag.«[54]

Klemperer berichtet, wie er, der Humanist, der Verehrer der deutschen Sprache, zunächst sich zu schützen versuchte, indem er sich von einer derart verrohten Sprache abwandte, bis er begriff, dass er, gerade um sich besser zu schützen, hinsehen musste: »Ich beobachtete immer genauer [...]«[55] – sogar als ihn ein Gestapomann niederschrie und ihm das Nazi-Buch schlechthin, *Der Mythus des 20. Jahrhunderts* von Alfred Rosenberg, auf den Kopf schlug – ihm, dem Juden, der die Unverschämtheit besessen hatte, darin zu lesen.[56] *Die Sprache zu beobachten*, mithin: wie sich die Sprecher ausdrücken, ist ein grundlegender Arbeitsgang für jede Anthropologie im Allgemeinen und für jede politische Anthropologie im Besonderen. »[...] der Nazismus glitt in Fleisch und Blut der Menge über durch Einzelworte, die Redewendungen, die Satzformen, die er ihr in millionenfachen Wiederholungen aufzwang, und die mechanisch und unbewußt übernommen wurden.«[57] Der philologische Ansatz Klemperers geht daher aus einer Epistemologie hervor, die sich auf Details wie Syntagmen und grammatikalische Merkmale konzentriert und sich zugleich zu einer tiefsinnigen historischen Analyse erweitern lässt: »Denn unter dem Einzelwort erschließt sich dem Blick das Denken einer Epoche [...]«.[58]

Aus der sehr großen Zahl von Beispielen, die Klemperer anführt, lassen sich zwei Grundeigenschaften dieser totalitären Sprache herausfiltern: Die erste Grundeigenschaft

54 Ebd., S. 20. [Mit dieser These wendet sich Klemperer gegen Talleyrands Bonmot: »Die Sprache ist dem Menschen gegeben, um seine Gedanken zu verbergen.« A. d. Ü.]

55 Ebd., S. 21.

56 Ebd., S. 22.

57 Ebd., S. 25.

58 Ebd., S. 169.

ist die ihr innewohnende *Armut*.[59] Der Autor des *LTI* gibt ihr 1947 ein soziologisches Fundament, das einen – wenn auch diskreten – Bezug zur marxistischen Analyse eines Georg Lukács herzustellen scheint: So spricht Klemperer von einem Prozess der »Versächlichung«[60] – ein Wort, das dem Lukács'schen Begriff der *Verdinglichung* augenscheinlich sehr nahekommt. Im Vokabular der Konzentrationslager zeigt sich diese »Versächlichung«, wenn das Wort »Stück« für zu ermordende Personen und anschließend ihre Leichname verwendet wird; in Heeresberichten spricht sich »dies Versächlichen« noch »[a]bsichtlicher und von einem erbitterten Haß diktiert« aus.[61] »Werden Menschen liquidiert, so werden sie eben erledigt oder beendet wie Sachwerte.«[62]

So verdinglicht und mechanisiert die Sprache des Dritten Reiches jegliches Menschsein – und deshalb muss sie sich auch selbst mechanisieren. Ihre Armut zeigt sich in ihrer unverrückbaren *Härte*, dem Fehlen von Lebhaftigkeit und Anpassungsfähigkeit. Es reichte schon, allein die Vorsilbe *ent-* vor alle möglichen Handlungen zu setzen, damit sich die reale Gewalt die Ressourcen des Symbolischen und des Imaginären unterwarf.[63] Es reichten schon Worte wie »Heroismus«, »Strafexpedition« (ein Wort, das Klemperer mit Schrecken aus dem Mund eines exzellenten jungen Mannes hörte, den er für seinen Freund hielt) und »ausradieren«, um zu begreifen, worum es bald in der Realität gehen würde.[64] Es reichte schon, die Abkürzungen *Knif* und *Kakfif* zu hören – erstere für *Kommt nicht in Frage* und zweitere für *Kommt auf keinen Fall in Frage* –, um zu begreifen, dass das von Primo Levi aufgeschnappte *Kein Warum* sehr wohl Ausdruck einer eisernen Regel war, die unter dem Nationalsozialismus auf

59 Ebd., S. 29–34.
60 Ebd., S. 170.
61 Ebd.
62 Ebd., S. 171.
63 Ebd., S. 9.
64 Ebd., S. 9–17, S. 55 f. und S. 147.

alle Lebensbereiche angewandt wurde.[65] Es reichte schon ein Kürzel, eine Typographie (wie die vereinheitlichte SS-Type, die sich auf den neuen Schreibmaschinentastaturen befand), eine Interpunktion (ein einfaches Ausrufungszeichen, um die Bedrohung deutlich zu machen). Es reichte schon, wie Klemperer sagt, »die eine Silbe«.[66]

All dies, um alles zu sagen – um zu sagen, alles sei von nun an »total« – in kurzer und zugleich übertreibender, in gebieterischer und zugleich anmaßender Weise. Das Paradox der Sprache des Dritten Reiches bestand darin, dass sie nur deshalb »arm« war, weil sie jenes andere grundlegende Charakteristikum einführte, den *Schwulst*. Es reichte nicht mehr, deutsch zu sein, man musste ein »fanatische[r] Deutsche[r]« sein. »Nur fanatisches Deutschtum kann unser Vaterland reinwaschen von der jetzigen Undeutschheit«, hörte Klemperer aus dem Mund einer anständigen – ein zusätzliches Paradox: einer jüdischen – Dame, was er als den ideologischen Einfluss der »Sprache des Siegers« auf die Besiegten selbst interpretierte.[67] Ein ganzes Kapitel des *LTI* befasst sich mit dem, von dem Philologen bemerkenswerter Weise so betitelten »Fluch des Superlativs«.[68] Darin findet sich der Versuch einer Typologie: »Neben den Superlativen der Zahl und der zahlähnlichen Wörter lassen sich drei Arten des Superlativgebrauchs unterscheiden, und alle drei werden in gleichem Überfluß angewandt: die regulären Superlativformen von Adjektiven, Einzelausdrücke, denen superlativer Wert innewohnt oder beigelegt werden kann, und ganze superlativisch durchtränkte Satzgebilde.«[69]

Da sind etwa die Zahlensuperlative, in denen sich die Prägung durch Heeresberichte einerseits und Sportsprache andererseits zeigt. Alle Rekorde werden ständig gebrochen.

65 Ebd., S. 105–109.

66 Ebd., S. 82–84 und S. 276–281.

67 Ebd., S. 214 und S. 213.

68 Ebd., S. 241–251.

69 Ebd., S. 246.

Diese »Übersteigerung des Superlativismus [zeichnet sich] durch seine bewußte Böswilligkeit [aus], denn er geht skrupellos auf Betrug und Betäubung aus«.[70] Aber die Berechnungen waren häufig derart übertrieben, dass »die schamlose Kurzbeinigkeit der Lügen [...] in den Zahlen [selbst] zutage trat [...]«. So vermeldete man 1941, die deutsche Armee habe 200 000 Feinde in Kiew eingekesselt; einige Tage später nimmt sie diese gefangen, aber von nun an sind es 600 000.[71]

Zudem gehen die Zahlen in Zusatzsilben oder Adjektiven auf: nie geht es um eine »Offensive«, sondern stets um eine »Großoffensive«, nie um einen »Kampftag«, sondern stets um einen »Großkampftag«, nie um »Geschichte«, sondern um »Weltgeschichte«.[72] Die Lüge der sich immerfort überbietenden Rekorde schlägt sich schließlich in Ausdrücken nieder wie »hundertprozentig« und vor allem in dem magischen Wort des Totalitarismus: dem Adjektiv »total«.[73] Bald wird sich der Superlativ, quasi religiös, auf Worte wie »einmalig« oder »ewig« stützen, um die Dauer des »Tausendjährige[n] Reich[s]« zu betonen.[74] Schließlich drückt sich die Überbietung in dem aus, was Klemperer sehr zu Recht als »Ausdrücke versagender Phantasie« bezeichnet: in »zahllos« und »unvorstellbar«.[75]

In der Sprache des Dritten Reichs ging es tatsächlich um eine *Verrohung der Phantasie*: ihr den Atem zu rauben, jegliche Anpassungsfähigkeit, jegliche Fähigkeit zum Abschweifen oder freien Assoziieren einzuschränken, um ihr – ohne *Dennoch*, ohne *Warum* – eine eingleisige Übertreibung aufzuzwingen. Dabei stand natürlich nicht die Form des Superlativs als solche oder gar die verbale Übertreibung zur

70 Ebd., S. 243.
71 Ebd., S. 244.
72 Ebd., S. 247 f.
73 Ebd., S. 245.
74 Ebd., S. 245.
75 Ebd., S. 243.

Debatte – Ausdrucksformen, die bei Dichtern und leidenschaftlichen Menschen durchaus üblich sind. So liegen beispielweise Welten zwischen der von Nietzsche gepriesenen Ästhetik der Intensität, der Leidenschaft, und den schwülstigen Übertreibungen von Goebbels. Auch sei daran erinnert, dass Aby Warburg die Geschichte der Kunstformen durch das Prisma der Intensität – der »Pathosformeln« – betrachtete, deren Modell er just einer linguistischen Theorie der Komparative und Superlative abgewann. Was Warburg den Betrachtungen Hermann Osthoffs über das »Suppletifwesen« entnahm, war, dass der Komparativ und der Superlativ die *Wurzel* des ursprünglichen Adjektivs gewissermaßen *wandern lassen*:[76] Denn beim Übergang von *bonus* zu *melior* und zu *optimus* verändert man die linguistische Wurzel, um das »gut« zu »besser« und zu »mehr-als-besser« zu steigern. Dies nahm Warburg zum Anlass, um Intensität genau als das Gegenteil von dem aufzufassen, was die totalitäre Sprache unterbreitet, indem sie jeglichen Superlativismus auf die Bestätigung der einzigen »deutschen Wurzel« hin reduzierte – ein Ausdruck, dem Victor Klemperer ein ganzes Kapitel seines Buches widmet.[77]

Welche Lehren lassen sich nun aus dieser feinsinnigen und zugleich schonungslosen Analyse der totalitären Sprache mit Blick auf unsere Frage nach dem »affektiven Geschehen« ziehen? Folgt daraus, dass eine solche Analyse nur dann schonungslos ist, wenn sie – wie es hieß – ohne jegliches »*Pathos*« durchgeführt wurde? Folgt aus der Tatsache, dass die Sprache des Dritten Reichs ständig erlogenes Zurschaustellen und paranoiden Schwulst von *Pathos* zum Ausdruck brachte, dass Klemperer *Pathos* im ursprünglichen Wort-

76 Aby Warburg, »Einleitung« zu: *Der Bilderatlas Mnemosyne*. Hg. von Martin Warnke unter Mitarbeit von Claudia Brink, in: ders., *Gesammelte Schriften*. Studienausgabe. Hg. von Horst Bredekamp, Michael Diers, Kurt W. Forster, Nicholas Mann, Salvatore Setti und Martin Warnke. Berlin: Akademie Verlag 2008, S. 6 und S. 3.

77 Victor Klemperer, *LTI*, a. a. O., S. 148–161.

sinn außer Acht zu lassen habe, nämlich die Erfahrung, das Dritte Reich ertragen, erduldet, erlitten zu haben? Sicher nicht. Man kann also nicht sagen, dass die totalitäre Sprache »dem Verrat am *Pathos*« oder der »Vortäuschung von Affekten«: kurz, den *erlogenen Emotionen* huldigt. Gerade das Gegenteil ist der Fall. Eine totalitäre Sprache bedient sich nicht »des Verrats am Affekt«: Sie verrät vielmehr das, was man als die *Wahrheit der Emotionen* bezeichnen könnte. Sie »versachlicht« sie, wie es Klemperer treffend formuliert. Sie verfälscht sie, blockiert sie, unterwirft sie der Verwerfung. Man muss also gegenüber dem Gemeingut Affektivität genauso argumentieren, wie man es sehr viel leichter mit Blick auf Sprache oder Sexualität tun kann: Die Propaganda beweist nicht, dass Sprache ihrem Wesen nach verräterisch ist, sondern sie verrät die Sprache, indem sie sie isoliert; die Pornographie beweist nicht, dass Sexualität von Natur aus schmutzig ist, sondern sie beschmutzt die Sexualität, indem sie sie verdinglicht. Man sollte niemals seinem politischen Gegner das überlassen, was er in Beschlag nimmt und worauf das Monopol zu haben er vorgibt (Sprache oder Begehren, Bild oder Affekt).

Die kritische Entscheidung: der abscheulichen Sprache zuhören

Im *LTI* zeichnet sich jedesmal dann eine Emotion ab, wenn eine persönliche – erlebte oder beobachtete – Erinnerung des Autors an eine Demütigung oder Gefahr zum Vorschein kommt. Schamgefühl ist da angebracht, schließlich präsentiert sich das *LTI* nicht als Beschwerde eines Opfers, sondern als Montage von Beschreibungen, als Mosaik philologischer Analysen. Diese Scham ist auch eine Reaktion auf die Umstände, unter denen das Buch in Ostdeutschland publiziert wurde, also auf jenen politischen und moralischen Zusammenhang, der es unmöglich machte, den sehr umfangreichen und mitreißenden *Ursprungstext*, nämlich das *Tagebuch*, das Klemperer zwischen 1933 und 1945 heimlich führte, öffentlich zu machen. Dieses – das der Autor als *Zeugnis* von Anfang an der Öffentlichkeit zugänglich machen wollte – erschien erst 1995, also fünfzig Jahre nach seiner Fertigstellung und fünfunddreißig Jahre nach dem Tod des Autors.[78] Man müsste also eine erneute philologische Analyse durchführen, um dieses *Tagebuch* eingehend zu prüfen und es mit seiner Synthese von 1947 zu vergleichen, die in eine salonfähigere, »objektivere« oder »präsentablere« Form umgeschrieben wurde.

78 Victor Klemperer, *Ich will Zeugnis ablegen bis zum letzten. Tagebücher 1933–1941*. Hg. von Walter Nowojski unter Mitarbeit von Hadwig Klemperer. Darmstadt: Wissenschaftliche Buchgesellschaft 1998 [Erstdruck: Berlin: Aufbau 1995]; ders., *Ich will Zeugnis ablegen bis zum letzten. Tagebücher 1942–1945*. Hg. von Walter Nowojski unter Mitarbeit von Hadwig Klemperer. Darmstadt: Wissenschaftliche Buchgesellschaft 1998 [Erstdruck: Berlin: Aufbau 1995]. [Wenn in der Folge das Wort *Tagebuch* kursiviert erscheint, dann sind diese beiden Bände gemeint. A. d. Ü.]

Da, wo uns das *LTI* beim Blick auf die Struktur der totalitären Sprache die außerordentliche analytische Intelligenz Klemperers offenbart, lässt das *Tagebuch* selbst sehr viel dramatischer den *Kampf dieser Intelligenz* zutage treten, die immer wieder aus dem Unglück noch etwas wie zumindest seinen angemessensten Ausdruck herauszufiltern versucht. Unter Zeitdruck geschrieben, in Bruchstücken, aber jeweils ohne Unterbrechung, in einer Schreibung, die von einem Blattrand zum anderen verläuft (ein Zeichen für die ständige Papierknappheit), nur unmittelbar danach gegengelesen und unterstrichen (Abb. 1) – so tritt das *Tagebuch* Klemperers seither nicht nur als ein bewundernswertes Dokument der *Wahrheit* zutage, sondern vielmehr als ein wahrhaftes Denkmal des *Muts zur Wahrheit*. Selbst für den Leser, der bequem in seinem Sessel sitzt, bedarf es eines gewissen Muts, sich mit der Intensität dieses Textes zu konfrontieren (ich selbst hatte vor einigen Jahren mit der Lektüre begonnen und ließ dann angesichts der Myriaden großer und kleiner, entscheidender Momente die Arme sinken; heute finde ich mich nach erfolgreich beendeter Lektüre vor einem Stapel von Karteikarten wieder, die zu kopieren der Abfassung eines eigenen Buches gleichkommt).

Man nimmt in dem *Tagebuch* an der schrittweisen Entwicklung der analytischen und kritischen Aufgabe teil, die sich Klemperer angesichts der Sprache des Dritten Reichs auferlegt hat. Alles begann vielleicht an jenem 25. April 1933 – drei Monate nach Hitlers Machtergreifung –, als Klemperer einen Anschlag an der Mauer des Studentenhauses in Dresden sah. Es wurde damals in allen deutschen Universitäten plakatiert und verkündete: »Wenn der Jude deutsch schreibt, lügt er.«[79] Hier wird also Klemperer in seiner eigenen Existenz als deutscher Akademiker in Frage gestellt – er, der Sohn eines Rabbiners, der so lange darum gekämpft hat, ein aufgeklärter Gelehrter der Sprache und

79 Ebd., Bd. I; S. 24 (25. April 1933).

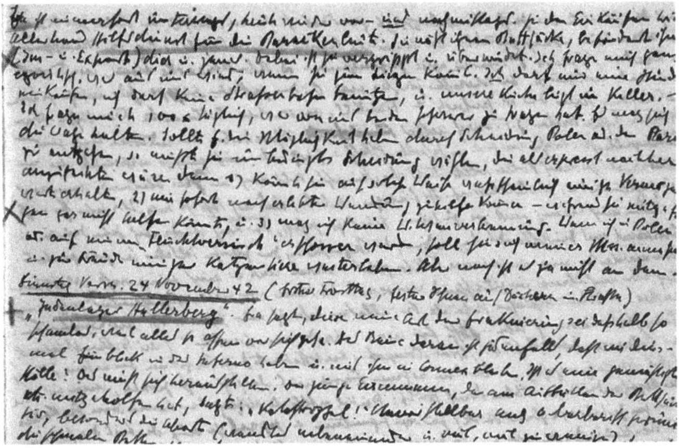

Abb. 1: Victor Klemperer, *Tagebuch vom 24. November 1942* (Detail). Tinte und Bleistift auf Papier. Dresden, Sächsisches Landesbibliothek, Staats- und Universitätsbibliothek. Photo DR.

der Literatur zu werden. Hier wird er von einer neuen Sprache in Frage gestellt, einer stählernen Sprache, die gegen seine Sprache des Herzens und der Intelligenz eine Blockade errichten möchte.

Schon bald wird er auf »das neue Schlagwort [...] ›totaler Staat‹«[80] stoßen und mit einer Reihe von Beobachtungen beginnen, die er anfangs als »Sprachnotiz« bezeichnet.[81] Als er eine Rede Hitlers als Tonfilm-Aufnahme hört und sieht, vermerkt er die Mischung, der zufolge sich »die Tyrannei immer wilder [...] äußert« und in der er zugleich »ohnmächtige[...] Wut« konstatiert.[82] Am 27. Juli 1934 schreibt er: »[...] die Studie über die Sprache des 3. Reiches bewegt mich immer mehr.«[83]

Man begreift, dass die subjektive Haltung Klemperers im *Tagebuch* viel deutlicher und spontaner zutage tritt als

80 Ebd., Bd. I, S. 36 (30. Juni 1933).
81 Ebd., Bd. I, S. 37 (1. Juli 1933).
82 Ebd., Bd. I, S. 42 f. (20. Juli 1933)
83 Ebd., Bd. I, S. 129 (27. Juli 1934).

in den späteren Formulierungen des *LTI*. Wenn er zum Beispiel den Ausdruck »fanatischer Wille« untersucht, sieht er darin auf Anhieb die tyrannische Anweisung zu glauben, »*ohne zu verstehen*«.[84] Aber diese Position geht ursprünglich mit einem Affekt einher, in erster Linie mit Ekel: »Mir wird beim Lesen [der *Dresdener Neue Nachrichten*] jedesmal übel; aber die Spannung ist jetzt zu groß, man muß wenigstens wissen, was gelogen wird.«[85] Angesichts dieser Mischung aus »[r]eligiöse[m] Wahnsinn und Reklamewahnsinn« gerät er darüber in Verzweiflung, dass »bei allem die Lüge« regiert.[86] Angesichts des Kitsches in der herrschenden Kultur empfindet er die Macht von »Schmutz«.[87] Angesichts der Superlative von Goebbels (»die größte Autobahn der Welt«) begreift er, dass »die größte Schmach der Welt« am Werke ist.[88]

Es ist auch bezeichnend – und unter den gegebenen Umständen sehr bewegend –, dass ein solches Projekt der kritischen Philologie über die Sprache des Drittens Reichs just in dem Moment mit aller Macht in den Vordergrund treten musste, in dem Klemperer die Tortur einer Haftstrafe durchmachte, genau dort, wo Schreiben und Lesen praktisch unmöglich wurden (sogar die Brille hat man ihm weggenommen): »Die Sprache des 3. Reiches aber ist immer um mich und läßt mich keinen Augenblick los [...]. Aber inzwischen sammle ich doch immerfort, bringe ich doch jeden Tag, der mich erreicht, mit diesem Zukunftsbuch in Verbindung.«[89] Klemperer notiert ebenfalls bestimmte Aspekte des politischen Lebens, auf die er 1947 bei der Veröffentlichung unter sozialistischem Regime und Einheitspartei verzichten wird:

84 Ebd., Bd. I, S. 175 (1. Januar 1935).

85 Ebd., Bd. I, S. 223 (5. Oktober 1935).

86 Ebd., Bd. I, S. 228 (9. November 1935).

87 Ebd., Bd. I, S. 229 (11. November 1935). [An dieser Stelle unterscheidet Klemperer die Begriffe Kitsch, Schund und Schmutz mit Blick auf Romane. A. d. Ü.]

88 Ebd., Bd. I, S. 372 (8. August 1937).

89 Ebd., Bd. I, S. 621 f. (Zelle 89: 23. Juni – 1. Juli 1941, verfasst am 20. Juli 1941).

»*LTI*: *volksnahes* Recht. Hierzu die Definition: ›Recht ist, was meinem Volk nutzt.‹ Ferner der Anspruch: Die Partei repräsentiert das Volk.«[90] Verzweifelt konstatiert er: »*Übergreifen der LTI ins feindliche Lager*« selbst bei denen, die täglich darunter zu leiden haben.[91] Unablässig hebt er Ausdrücke aus dem bürokratischen Vokabular hervor, vor allem die verschiedenen Formen eines Verbots.[92]

Schließlich folgen die Ausdrücke des Vernichtungsterrors mit ihren unverschämten Verschleierungen wie »abgewandert« – in Bleistift auf zurückgesendeter Post neben dem Blaustempel »zurück« –, als hätte der Empfänger keine Adresse hinterlassen, die in Wirklichkeit Theresienstadt oder Auschwitz-Birkenau hieß.[93] In der Nazi-Zeit ist, egal was passiert, *Sagen gleichbedeutend mit Untersagen oder Nötigen*: Von der verdinglichten Sprache wird das *kein Warum* aufgezwungen, einen Morgen dies, am Abend das Gegenteil – all dies mit großer »Skrupellosigkeit im Volksverdunkeln«.[94] Derselbe »Jargon« beherrscht alles.[95] Das Wort »Genickschuß« beginnt Teil der Alltagssprache zu werden.[96] Ein Höhepunkt der Verzweiflung ist erreicht, als Klemperer bei seinen ehemaligen Philologen-Kollegen das Aufkommen einer nationalsozialistischen Sprachphilosophie konstatiert: »[…] die neue Sprachphilosophie […] will der Politik dienen«; sie sehnt sich nach »›politischer Morgenröte‹ im Wort, in der Sprache«.[97]

Eine Sprache der Gleichschaltung und des Rassismus, des Hasses auf den Anderen und auf die Andersartigkeit. Wie Ausschreitungen der Einsatzgruppen an der Westfront

90 Ebd., Bd. II, S. 40 f. (7. März 1942).
91 Ebd., Bd. II, S. 55 (25. März 1942).
92 Vgl. ebd., Bd. II, S. 217 f. (21. August 1942).
93 Ebd., Bd. II, S. 335 (27. Februar 1943).
94 Ebd., Bd. II, S. 467 (1. Januar 1944).
95 Ebd., Bd. II, S. 482 (6. Februar 1944).
96 Ebd., Bd. II, S. 501 (2. April 1944).
97 Ebd., Bd. II, S. 507 (29. April 1944).

von der Propaganda dargestellt werden, schlägt sich in der Wortwahl wie auch in der täglich verwendeten Syntax nieder: »Beachte das Verächtlichmachen, das Zur-Sache-Herabdrücken, das Außer-Militärspielregel-Stellen der Verben. Insbesondere das Fremdwort *liquidieren.*«[98] Und mit dem allen geht einher: »Je desaströser die Lage [für die deutsche Armee an der West- wie an der Ostfront] wird, um so unverschämter wird die Superlativität der nationalsozialistischen Sprache« und desto grotesker wird die »Judenhetze, das Zusammenziehen aller Feinde in *den* Feind namens Jude [...]«.[99] Als wolle man den Vormarsch der alliierten Truppen bannen, organisiert man in Dresden Aufmärsche der Hitler-Jugend mit »Trommeln, Fanfaren (falsch geblasen wie alle Töne des 3. Reichs falsch sind) [...]«.[100] Sonst wird alles »verheimlicht, in allem ist man auf Gerüchte [...] angewiesen.«[101]

98 Ebd., Bd. II, S. 539 (5. Juli 1944).
99 Ebd., Bd. II, S. 546 (19. Juli 1944) und S. 547 (20. Juli).
100 Ebd., Bd. II, S. 574 (3. September 1944).
101 Ebd., Bd. II, S. 642 (18. Januar 1945).

Gibt es eine *vox populi?*

Was tun angesichts dieser gleichgeschalteten Sprache, die sich gegen alles Infragestellen, jede Andersartigkeit abschottet? Klemperer – und hierin liegt seine ethische und wissenschaftliche Hartnäckigkeit – entscheidet sich dafür, nicht einen Moment lang damit aufzuhören, sich über den anderen Gedanken zu machen, selbst wenn dieser die Gestalt der unmittelbaren Bedrohung annimmt. Daher *hört* der Philologe *trotz allem* dem Gestapo-Mann selbst in dem Moment *zu*, in dem dieser ihm mit voller Kraft auf den Kopf schlägt und dabei seine Beleidigungen brüllt. Denn selbst für die Beleidigungen muss eine Philologie ausgearbeitet werden. Dies alles wird bei Klemperer von dem leidenschaftlichen Willen zu begreifen gesteuert: vor allem dieses »Volk« zu begreifen, dem er so lange Zeit anzugehören glaubte, das ihn nun verstößt und nur noch den Botschaften und Lügen seiner Tyrannen lauscht. Wenn es eine Obsession gibt, die sich wie ein roter Faden durch das *Tagebuch* zieht, dann ist es die, aus den vielen hier und dort gemachten und zusammengetragenen Beobachtungen einen solideren Begriff von der vorherrschenden *vox populi* [Stimme des Volkes] zu gewinnen: Was denkt das deutsche Volk tatsächlich?, fragt sich Klemperer häufig. Und immer häufiger stellen sich Unverständnis und Verzweiflung ein: »Ich glaube nicht mehr an die Völkerpsychologie.«[102]

Die *vox populi* stellt unter solchen politischen Umstän-

102 Ebd., Bd. I., S. 18 (3. April 1933). [Klemperer glaubte im Zusammenhang mit seinen Frankreichstudien von einem Charakter des Franzosen im Gegensatz zum Charakter des Deutschen sprechen zu können. Davon nimmt er nun angesichts der bedrohlichen Seite des Nationalismus Abstand. A. d. Ü.]

den also weder eine »Stimme« noch das »Volk« dar. Sie ist nicht mehr die freie Stimme eines selbstbestimmten Volkes, sondern die *verworfene* Stimme einer unterjochten Masse: »[...] überall vollkommene Hilflosigkeit, Feigheit, Angst.«[103] »[...] alles, buchstäblich alles erstirbt in Angst. Kein Brief mehr, kein Telefongespräch, kein Wort auf der Straße ist sicher. Jeder fürchtet im andern Verräter und Spitzel.«[104] Man könnte fast sagen, es sei vielen recht, »daß die Tyrannei täglich wachse«.[105] Fest steht: »Alle werden betrogen, jeder auf andere Weise, und darin steckt die Genialität der Regierung.«[106] »Wie lange dauert diese Psychose noch?« Diese Frage, die Klemperer 1933 aus dem Munde eines Mediziners hörte und an die er sich am 13. Mai 1934 zurückerinnert, wird er sich schon bald erneut selbst stellen.[107]

Psychose also. Allseits verbreitete Paranoia. Verwerfung des Symbolischen: Die Stimme ist nicht mehr eine, selbst und vor allem, wenn sie ihre obligatorischen Hassparolen lauthals hinausschreit. Blockade des Imaginären: »Es kann sich eben niemand mehr vorstellen, daß ohne Diktatur regiert wird.«[108] Klemperer scheint es allmählich so, als sei »die schmutzige Sklaverei durchaus im Sinn Deutschlands und wirklich 90 Prozent aller Deutschen angemessen«.[109] Obgleich die Jahre unter ebendem Regime vergehen, zeigt sich Klemperer doch immer wieder aufs Neue überrascht von so viel Kapitulation und Unterwerfung: »Und ich sagte mir wieder einmal, daß die Hitlerei vielleicht doch tiefer und fester im Volke wurzelt und der deutschen Natur

103 Ebd., Bd. I., S. 27 (15. Mai 1933).

104 Ebd., Bd. I., S. 50 f. (19. August 1933).

105 Ebd., Bd. I., S. 89 (16. Februar 1934). [Diese Aussage macht eine Bibliothekarin, die sich davon erhofft, dass das Ende der Tyrannei so um so rascher kommen werde. A. d. Ü.]

106 Ebd., Bd. I., S. 93 (24. Februar 1934).

107 Ebd., Bd. I., S. 106 (13. Mai 1934) und S. 138 (21. August 1934).

108 Ebd., Bd. I., S. 171 (30. Dezember 1934).

109 Ebd., Bd. I., S. 177 (15. Januar 1935).

entspricht, als ich wahrhaben möchte.«[110] Angesichts einer Hitler-Rede merkt er an: »Die Mischung aus Würdelosigkeit, Größenwahn, ohnmächtiger Angst [bei Hitler] ist furchtbar. Furchtbarer nur, daß sich Deutschland davon regieren läßt.«[111] Aber noch viele Male wird sich der Philologe beharrlich die Frage stellen: »Welches aber ist nun die wahre Vox populi?«[112]

Im Verlauf der Zeit und den immer bedrohlicher werdenden Verfolgungen begreift Klemperer bald, dass die *vox populi* der *lingua imperii* nur noch winzige Zeichen entgegenzusetzen hat. Und in seiner ängstlichen Suche nach dem, was er als das »Lebensgefühl« der Bevölkerung bezeichnet, stößt er sich an immer größer werdenden Schwierigkeiten.[113] Man bemerkt, dass seine Überlegungen zur *vox populi* von 1942 an tendenziell immer seltener werden – eine Folge der immer strengeren Isolation, die man den Juden auferlegte, insbesondere aufgrund der Zwangsverpflichtung, in einem »Judenhaus« zusammengelegt zu werden. Klemperer notiert, wann immer er kann, die flüchtigsten Ereignisse mit Blick auf seine Fragestellung nach der *vox populi*: »Gestern Abend in der Wormser Straße radelt ein älterer Arbeiter [...] hinter mir her, dicht an mich heran und sagt mit gutmütiger, väterlicher Stimme: ›Es kommt schon mal wieder anders, nicht wahr, Kamerad? ... Hoffentlich recht bald‹ – woraufhin er im Bogen zurückfährt und in eine Seitenstraße biegt ... Vorgestern dagegen kommt mir mittags eine Familie entgegen [...]. Der Vater sagt belehrend (laut) zum Kleinen, wohl auf dessen Frage [vermutlich wegen des gelben Sterns, den Klemperer auf dem Mantel trug] antwortend: ›Damit du weißt, wie ein Jude aussieht.‹« Und Klemperer beschließt diese Zeilen mit der sich wieder-

110 Ebd., Bd. I., S. 367 (13. Juli 1937).
111 Ebd., Bd. I., S. 368 (19. Juli 1937).
112 Ebd., Bd. I., S. 683 (1. November 1941).
113 Ebd., Bd. II., S. 41 (8. März 1942).

holenden, bohrenden Frage: »Welches ist nun die richtige Vox populi?«[114]

Was »empfindet« die Bevölkerung? Ab einem bestimmten Stadium spielt das keine oder nur noch eine geringe Rolle angesichts der allgemeinen Verfolgung: »Als ich am Sonntag nachmittag vom Friedhof kam, ging im Parkweg der Lothringer Straße ein alter Herr […] über den Weg auf mich zu, reichte mir die Hand, sagte mit einer gewissen Feierlichkeit: ›Ich habe Ihren Stern gesehen und begrüße Sie, ich verurteile diese Verfemung einer Rasse, und viele andere tun das ebenso.‹ Ich: ›Sehr freundlich – aber Sie dürfen nicht mit mir reden, es kann mich das Leben kosten und Sie ins Gefängnis bringen.‹ – Ja, aber er habe mir das sagen wollen und müssen. – Die Orgel der Volksstimmen. Welche Stimme dominiert und bringt die Entscheidung?«[115]

114 Ebd., Bd. II, S. 398 (23. Juni 1943).
115 Ebd., Bd. II, S. 406 (19. Juli 1943).

Im Räderwerk der Unterdrückung

Welche »Empfindungen« aber hatte Klemperer selbst? Man entdeckt beim Aufschlagen des *Tagebuchs* sehr rasch, dass es nichts hinter den Wörtern zu suchen gibt, was einer Zeugenfunktion »ohne jegliches *Pathos*« entspräche. Gewiss versteht es Klemperer, von *realen Geschehnissen* – vor allem sprachlichem Geschehen – zu berichten, aber das bedeutet nicht, dass die *Affekte*, die sie in ihm als dem Betroffenen auslösten, isoliert wären. Die Trennung von realen Geschehnissen und Affekten bringt gerade das radikale Übel hervor, das er in der feindlichen Sprachstrategie diagnostiziert. Darum lässt Klemperer in seinem *Tagebuch*, auch wenn er sich gegen Herzensergüsse sträubt, seine Emotionen frei in den Tonfall einer jeden berichteten Tatsache einfließen. Sehr häufig vermittelt übrigens allein die Montage oder die Verknüpfung der aufgezeichneten Vorgänge aufgrund seiner Schreibweise so etwas wie einen Schock, eine Erschütterung, von der der Schriftsteller für seinen Leser Zeugnis ablegt: Jedes neue Ereignis bewegt ihn selbst und bringt einen emotionalen Tonfall hervor, der ohne Scheu in aller Klarheit zutage tritt.

Die schlichte Litanei der bürokratischen Unterdrückung, von der Klemperer in seinem *Tagebuch* berichtet, reicht aus, um die Ausrichtung der Gefühle aufzuzeigen: Gefühle der Ungerechtigkeit, der Angst, der Ungeduld, der Beklemmung, des Ekels, der Demütigung usw. Man sieht, wie die totalitäre Sprache immer härter und grausamer in der Wirklichkeit wirksam wird: Jedesmal ist es – in der Niederschrift Klemperers wie in seinen Erlebnissen –, als sause ein Fallbeil nieder. Zu Beginn sieht sich der Philologe gezwungen, einige seiner Kurse ausfallen zu lassen, damit seine

Studenten an Wehrsportübungen teilnehmen können.[116] Dann kündigt ihm sein Verleger Teubner an, dass er alle ihn betreffenden Publikationsprojekte streichen wird.[117] »Am Montag in Hauptvorlesung und Seminar: niemand. Ein niederschmetternder Eindruck.«[118] Die Leihbibliothek erhält eine Liste vor allem »jüdisch-intellektuell[er]« Bücher, die sie verschwinden lassen soll.[119] »[…] Pogromanfänge gibt es da und dort, und wir rechnen damit, hier nächstens totgeschlagen zu werden.«[120] Teubners Entscheidung wird durch eine juristische Anweisung verschärft: »Verträge mit nichtarischen Autoren gelten nicht.«[121]

Zur gleichen Zeit liest Klemperer die Bekanntgabe, dass in Nürnberg die »Gesetze für das deutsche Blut« beschlossen wurden. Die Juden werden ihrer bürgerlichen Rechte beraubt: »Der Ekel macht krank.«[122] Er wird alle aus der Bibliothek seines eigenen romanischen Seminars entliehenen Bücher zurückgeben müssen, das Institut wird aufgelöst.[123] »Am Vormittag auf der Bibliothek [der Universität] teilte man mir schonend mit, daß ich als Nichtarier den Lesesaal nicht mehr benutzen dürfe.«[124] Klemperers eigene Bücher werden dort aus den Regalen entfernt: Damit geht ein ganzes Leben des Denkens und der Wissensvermittlung verloren.[125] Dann muss an die Zaunpfähle vor seinem Haus jeweils »ein breiter gelber Zettel mit Davidstern: *Jude*« geklebt werden.[126] Auf seiner Ausweiskarte wird von nun an

116 Vgl. ebd., Bd. I, S. 60 f. (9. Oktober 1933).
117 Vgl. ebd., Bd. I, S. 82 f. (27. Januar 1934).
118 Ebd., Bd. I, S. 104 (13. Mai 1934).
119 Ebd., Bd. I, S. 183 (13. Februar 1935).
120 Ebd., Bd. I, S. 213 (11. August 1935).
121 Ebd., Bd. I, S. 214 (15. September 1935).
122 Ebd., Bd. I, S. 219 (17. September 1935).
123 Vgl. ebd., Bd. I, S. 280 (8. Juli 1936).
124 Ebd., Bd. I, S. 311 (9. Oktober 1936).
125 Vgl. ebd., Bd. I, S. 320 (18. Oktober 1936).
126 Ebd., Bd. I, S. 399 (20. März 1938).

ein »J« aufgestempelt sein.[127] Gleichzeitig, so schreibt er, erfährt man »sehr Bitteres aus dem Konzentrationslager bei Weimar (Buchenwald, glaube ich) [...]«.[128]

Der Lebenskreis wird unerbittlich immer enger. Jede einzelne Maßnahme der Unterdrückung trägt dazu bei. »Entziehung der Autofahrerlaubnis bei allen Juden.«[129] Die Gestapo führt bei Klemperers Hausdurchsuchungen durch; man fahndet nach »sicherzustellendem Kulturgut«.[130] Man entzieht ihm einen Teil seiner Lebensmittelkarten – der Beginn eines langen Prozesses, um die jüdische Bevölkerung auszuhungern.[131] Das – bereits bestehende – Verbot, ausländische Radiosender zu hören, geht von nun an bei Zuwiderhandlung mit der Todesstrafe einher.[132] Klemperer wird gezwungen, sein Haus an einen »arischen« Bewohner zu vermieten.[133]

In Dresden »ist allen Juden [das Telefon] gekündigt und verboten worden«, und es kursiert das Gerücht, dass »eine Beschlagnahme der jüdischen Näh- und Schreibmaschinen« bevorstehe.[134] Außerdem wird vom »1.1. an [eine] neue Judensteuer« eingeführt.[135] »Morgens weigerte sich das Milchmädchen heraufzukommen: Sie darf nicht mehr in Judenhäuser liefern.«[136] Einige Tage später verkauft man Klemperer keine Orangen mehr.[137] Dann droht die Beschlagnahme von Schreibmaschinen: »Es würde oder wird einen schweren Verlust bedeuten. Wer liest meine Handschrift?«[138]

127 Vgl. ebd., Bd. I, S. 418 (10. August 1938).
128 Ebd., Bd. I, S. 431 f. (25. November 1938).
129 Ebd., Bd. I, S. 442 (6. Dezember 1938).
130 Ebd., Bd. I, S. 494 (6. Oktober 1939).
131 Vgl. ebd., Bd. I, S. 511 (11. Februar 1940).
132 Vgl. ebd., Bd. I (selbes Datum).
133 Vgl. ebd., Bd. I, S. 515 (10. April 1940).
134 Ebd., Bd. I, S. 545 (11. August 1940) und S. 550 (30. August 1940).
135 Ebd., Bd. I, S. 569 (5. Januar 1041).
136 Ebd., Bd. I, S. 582 (1. März 1941).
137 Ebd., Bd. I, S. 583 (13. März 1941).
138 Ebd., Bd. I, S. 655 (27. Juli 1941).

Dann: »Ein neues Unheil: Rauchsperre für Juden.«[139] »Die Judenbinde« wird obligatorisch und begleitet von dem Verbot, »das Weichbild der Stadt zu verlassen«.[140] Und schon folgt: »Der Omnibus darf *nicht* mehr, die Tram *nur* auf dem Vorderperron benutzt werden.«[141] Parallel dazu kursieren »[i]mmer erschütterndere Nachrichten über Judenverschickung nach Polen.«[142] Neuerliche Beschlagnahmungen: »Operngläser und Photoapparate.«[143]

Die Kriegsanstrengungen, die das Nazi-Regime seiner gesamten Bevölkerung aufzwingt, vertragen sich gut mit den Hassausbrüchen, die ständig gegen die jüdische Bevölkerung gerichtet sind. »[...] Pelzsammlung. Den Juden wurden die Pelz- und Wollsachen fortgenommen [...]«, und das mitten im Winter.[144] Mitunter trägt das absurde Züge: Markensammlungen gehören »zum beschlagnahmten jüdischen Eigentum«, und »Rasierseife« wird nicht mehr an Juden ausgegeben.[145] Beim Kuchenbäcker hängt ein Schild aus: »Kuchen dürfen an Juden und Polen nicht mehr abgegeben werden.«[146] In ebendiesem Winter 1942 wird Klemperer (vom 15. Februar an) zur strapaziösen Fronarbeit des Schneeschippens dienstverpflichtet. Als es wieder Frühling wird: »Jetzt ist ein *Verbot des Blumenkaufes für Juden* herausgekommen. Kein Tag ohne eine neue Bestimmung gegen die Juden.«[147] Kein Tag also, an dem es nicht gälte, neue Überlebensstrategien zu erfinden und die lebensnotwendigen Güter zu beschaffen und zu verstecken, auch wenn ein weiteres Gesetz erlassen wird, dem zufolge »Juden Lebensmittel nicht aufsparen dürfen, sondern nur

139 Ebd., Bd. I, S. 658 (10. August 1941).
140 Ebd., Bd. I, S. 663 (15. September 1941).
141 Ebd., Bd. I, S. 669 (18. September 1941).
142 Ebd., Bd. I, S. 680 (25. Oktober 1941).
143 Ebd., S. 687 (18. November 1941).
144 Ebd., Bd. II, S. 9 (13. Januar 1942).
145 Ebd., Bd. II, S. 16 (29. Januar 1942) und S. 19 (6. Februar 1942).
146 Ebd., Bd. II, S. 25 (15. Februar 1942).
147 Ebd., Bd. II, S. 48 (16. März 1942).

soviel kaufen [dürfen], als sie zum Verkehr gebrauchen«.[148] Und zukünftig gilt das »Verbot für Juden, den Bahnhof zu betreten«.[149]

Das Nazi-Regime ist nun schon fast zehn Jahre an der Macht, und Klemperers Tagebuch protokolliert die Schritte der Unterdrückung. Von 1942 an kommen die Schritte zur Vernichtung hinzu und werden allgegenwärtig – rund um den Philologen schlägt der Tod zu: überall Selbstmorde (Veronal wird als das »jüdische Drops«[150] bezeichnet), Listen der »zu evakuierenden Personen« ... Hinzu kommen die Informationen über die Massaker im Osten: »Grauenhafte Massenmorde an Juden in Kiew. Kleine Kinder mit dem Kopf an die Wand gehauen, Männer, Frauen, Halbwüchsige zu Tausenden auf einem Haufen zusammengeschossen [...].«[151] In Deutschland werden die Jugendschutzgesetze für Juden außer Kraft gesetzt.[152] Dann wird es ihnen untersagt, Haustiere zu halten: Klemperer und seine Frau müssen also schweren Herzens ihre Katze einschläfern lassen.[153] In diesem Moment tauchen im Tagebuch die Fragen danach auf, welche Bedeutung Emotionen wie Anteilnahme oder »Mitleid«, die aus einer ernstlichen »Gefühlsverwirrung« hervorgegangen sind, in solchen Zeiten haben können.[154]

Eine Hausdurchsuchung der Gestapo lässt Klemperer keine Zeit, dem allen nachzugehen: eine »viehische Verwüstung« des Hauses.[155] Man verbietet Juden, »*arische Friseurgeschäfte aufzusuchen*«, und sonntags »zu Besuchszwecken« ein Fahrrad zu benutzen.[156] Zu Beginn des nächsten Monats

148 Ebd., Bd. II, S. 57 (27. März 1942).
149 Ebd., Bd. II, S. 59 (2. April 1942).
150 Ebd., Bd. II, S. 173 (19. Juli 1942).
151 Ebd., Bd. II, S. 68 (19. April 1942).
152 Vgl. ebd., Bd. II, S. 77 (3. Mai 1942).
153 Vgl. ebd., Bd. II, S. 85 ff. (15.-22. Mai 1942).
154 Ebd., Bd. II, S. 89 (18. Mai 1942).
155 Ebd., Bd. II, S. 93 (23. Mai 1942).
156 Ebd., Bd. II, S. 96 (ebenfalls 23. Mai 1942).

verspürt Klemperer die Notwendigkeit, all diese Nazi-Maßnahmen aufzulisten – von dem Verbot, Museen zu betreten, über das Verbot, einen Liegestuhl zu benutzen, bis zum schändlichen Tragen des gelben Sterns.[157] Eine erneute Hausdurchsuchung, bei der er mit Rosenbergs *Der Mythus des 20. Jahrhunderts* verprügelt wird, stärkt letztlich seinen Entschluss zu schreiben nur noch mehr: »[...] und das Tagebuch werde ich weiter wagen. Ich will Zeugnis ablegen bis zum letzten.«[158] Aber er weiß sehr wohl: »Verhaftetwerden ist jetzt identisch mit Getötetwerden, gleich hier an Ort und Stelle, die Konzentrationslager werden erst gar nicht mehr in Anspruch genommen.«[159]

Er entdeckt an sich den »typischen Hungerbauch«[160] und spricht darüber mit seiner Frau. Er versucht sich über die militärische Lage zu informieren, trotz des Verbots für Juden, eine Zeitung zu »halten oder [zu] kaufen. [...] ein aufgefundenes Blatt genügt für Auschwitz.«[161] Er beobachtet in seiner Umgebung, wie die Personen reagieren, die für die Abreise in die Lager »selektiert« wurden: »Jeder Evakuierte sucht etwas zurückzulassen. Aber der Erbe von heute ist der Evakuierte von morgen. –«[162] In der Zwischenzeit wird der »Papiermangel [...] so groß, daß nirgends ein Abreißkalender aufzutreiben« ist.[163] Mangel auch an anderen Stellen: »In einer Bäckerei wurde mir Brot verweigert [...]. Streichhölzer vermochte ich überhaupt nicht aufzutreiben [...].«[164] Ab dem 19. April 1943 muss er acht bis neun Stunden am Tag zum Arbeitsdienst in eine Fabrik.

157 Vgl. ebd., Bd. II, S. 107 f. (2. Juni 1942).
158 Ebd., Bd. II, S. 124 (11. Juni 1942).
159 Ebd., Bd. II, S. 179 (25. Juli 1942).
160 Ebd., Bd. II, S. 227 (29. August 1942).
161 Ebd., Bd. II, S. 270 (4. November 1942).
162 Ebd., Bd. II, S. 279 (21. November 1942).
163 Ebd., Bd. II, S. 303 (1. Januar 1943).
164 Ebd., Bd. II, S. 279 (6. Januar 1943).

Gleichwohl fährt er fort zu beobachten, zuzuhören, zu lesen, zu notieren. Als Gerücht erfährt er: »[…] es habe in Warschau ein Blutbad gegeben […] – tagelange Brände und Abertausende von Toten.«[165] Von der Gestapo vorgeladen, schreibt er: »Seit Sonnabend nachmittag den Tod vor Augen. […] Von Eva will ich keinen pathetischen Abschied nehmen.«[166] Er wird ein weiteres Mal überleben. Im Austausch für ein paar Stücke Kuchen erteilt er einem Jungen Französischunterricht – selbstverständlich heimlich, denn das Nazi-Regime hat schon seit langem jeglichen Unterricht für Juden untersagt.[167] Die Fliegeralarme über Dresden nehmen zu. Gerüchte über das Vergasen der Juden aus Theresienstadt verdichten sich.[168] Klemperer bemerkt, dass die letzten Bücher, zu denen er Zugang hatte, schon lange, quasi wie Staatenlose, niemandem mehr angehören: »Zu vieles fährt herrenlos herum, […] von Hand zu Hand gewandert, nichts ist als Judenbesitz sicher.«[169]

In der Nacht vom 13. auf den 14. Februar 1945, einen Tag, bevor viele Juden aus Dresden abtransportiert werden sollen – Klemperer, selbst noch nicht betroffen, muss als Hiobsbote die Briefe verteilen – wird Dresden von den alliierten Flugzeugen verwüstet. Das *Tagebuch* berichtet nahezu halluzinatorisch von diesen höllischen Momenten: »[…] warum kann ich nichts im Einzelnen beobachten, sondern sehe nur immer das Bühnenfeuer zu Rechten und zur Linken, die brennenden Balken und Fetzen und Dachsparren in und über den steinernen Mauern?«[170] Es ist, als ob wie aus heiterem Himmel das Schicksal – oder der Wahnsinn der Geschichte – eine neue Episode dieses unglaublichen

165 Ebd., Bd. II, S. 386 (1. Juni 1943).
166 Ebd., Bd. II, S. 413 (1. August 1943).
167 Vgl. ebd., Bd. II, S. 468 (4. Januar 1944).
168 Vgl. ebd., Bd. II, S. 565 (20. August 1944).
169 Ebd., Bd. II, S. 566 (21. August 1944).
170 Ebd., Bd. II, S. 665 (*Die Dresdener Vernichtung am 13. und 14. Februar*, Piskowitz, 22.-24. Februar 1944).

Abb. 2: Deutscher Anonymus, *Rauchspuren der Luftverbände amerikanischer Bomber über Dresden*, 16. Januar 1945. Silber-Photographie. Dresden, Stadtarchiv. Photo DR.

Überlebensepos geschrieben hätte. (Abb. 2) Es beginnt nun eine andere Erzählung: die des Victor »Kleinpeter«, der mit Eva über Deutschlands Straßen flieht, während die alliierten Armeen endlich einrücken.[171]

171 Vgl. ebd., Bd. II, S. 673–830.

Protokoll des affektiven Geschehens

»Ich will Zeugnis ablegen bis zum letzten.« Das war also der wichtigste Entschluss Klemperers an jenem Tag, als ihm ein Gestapo-Mann mit Schlägen eine der größten Demütigungen zufügte. Aber was ist mit »bis zum letzten« gemeint? Zunächst einmal, was er selbst sagt: »Ich will aber wieder, und was auch kommen mag, bis zuletzt ganz kalt berichten.« Konkret: Alles erzählen, so weit er es sehen kann, was das Hitler-Régime mit seiner totalitären Sprache der jüdischen Bevölkerung, der er selbst angehört, angetan hat. Und mit Blick auf sich selbst wird er schließlich von seinen eigenen Nächten und seinen eigenen Tagen der Hölle unter dem politischen Joch der Nazis, ihrer totalitären Sprache, ihrem institutionalisierten antisemitischen Haß erzählen müssen.

»Zeugnis ablegen bis zum letzten«: das meint also, sich selbst nicht von dem auszuschließen, wovon man Zeugnis ablegt. Und das heißt: *seine Emotionen zu bezeugen*. Wenn es außerdem stimmt, dass die Beobachtung der totalitären Sprache zeigt, wie es dieser gelingt, ihren Untertanen *isolierte Emotionen* zu oktroyieren, die die Tyrannei akzeptabel und damit wirkungsvoll machen, dann muss man auch von seinen eigenen *wiedergefundenen Emotionen* Zeugnis ablegen können. Man muss, dem Beispiel bewunderter Schriftsteller wie James Joyce oder Jean-Jacques Rousseau folgend, Zeugnis ablegen können von Emotionen, die nicht durch eine sie unterdrückende, sie zensierende und sie in eine einzige Richtung lenkende Umgebung vom Individuum entfremdet, isoliert oder verdinglicht wurden. Zu der von Klemperer vertretenen Zeugenschaftsethik – die man auch bei Autoren wie Primo Levi, Robert Antelme und Imre Kertész antrifft – gehört also die Entscheidung, eine gewisse *Wahrheit der Emotionen* in Würde zutage zu fördern – was selbstverständlich nichts mit jeglichem Hang zu sentimentalem Narzissmus zu tun hat. Die Sentimentalität vermeidet stets, was die Wahrheit der Emotionen sehr viel schmerzlicher zum Ausdruck bringt: nämlich die Schwäche, die Derbheit, häufig sogar die Grausamkeit und allemal die Konfliktträchtigkeit »affektiver Geschehnisse«, die in demjenigen rumoren, der eine gegebene Situation erleidet – selbst wenn er die Distanz dazu herstellt, deren es zum Schreiben bedarf.

Klemperer vermeidet entsprechend niemals in seinem Tagebuch, *affektives Geschehen* festzuhalten – also seine eigenen Empfindungen wie auch die seiner Mitmenschen, die ihm feindlich gesinnten inbegriffen. Ohne falsche Scham bringt er jedes berichtete Ereignis mit einer oder sogar mit einem Bündel unterschiedlicher Emotionen zusammen – wie es die Redlichkeit seiner Zeugenschaft von ihm verlangt. Aber weshalb musste er denn Zeugnis von seinen Gefühlen ablegen? Reichte die Schilderung von Tatsachen, Handlungen und Ausschreitungen nicht aus? Klemperer dürfte weder Zeit noch Lust gehabt haben, irgendeine psychologische Theorie aufzustellen; implizit aber lautet seine Antwort, dass Emotionen wie alle anderen *geschichtlichen Quellen* es wert sind, erinnert zu werden. Sie treten parallel zum *faktischen Geschehen*, das sich in der konkreten Realität ereignet, wie zum *sprachlichen Geschehen*, das sich im Austausch im sozialen Raum ereignet, in Seelen und Körpern auf: kurz gesagt, wie *Symptome* (ein Wort, das Klemperer übrigens recht häufig verwendet). Will man eine Situation, eine Atmosphäre, ein geschichtliches Umfeld darstellen, so darf man, neben den konkreten Tatsachen und Taten, die sich chronologisch aneinanderreihen, weder das sprachliche noch das affektive Geschehen übergehen, das mit jenen verwoben ist. Beides lässt in dem vergehenden Zeitabschnitt so etwas wie die *andere* – häufig quer dazu verlaufende oder anachronistische – *Zeit* und damit eine viel tiefere Beziehung zwischen Subjekt und Geschichte durchschimmern.

Anfangs hatte Klemperer sein Projekt weder als Beschreibung der historischen Ereignisse als solche konzipiert – die ihm im Übrigen aufgrund seiner auf Presse und Gerüchte etc. beschränkten Kenntnisse gar nicht hinreichend zugänglich waren – noch als Darstellung der »Gewaltmaßnahmen« gegenüber der jüdischen Bevölkerung und schon gar nicht als das, was er mit dem Wort »Depression« ausdrückt.[172] Dennoch hielt er, wie wir gesehen haben, gewissenhaft die Gewaltmaßnahmen wie auch jene subjektiven, als »Depression« bezeichneten Momente chronologisch fest – bis zu einem solchen Punkt, dass er beispielsweise in einem Absatz, in dem es um eine Goebbels-Rede geht, schreibt: »Am dunkelsten ist die Lage für unser Katerchen.«[173] Er versucht zwar, sich selbst zur Ordnung zu rufen: »Nerven behalten. Nerven behalten!« Und einige Zeilen später noch einmal: »Die Nerven behalten!«[174] Aber wie kann man gerade angesichts der Wiederholung dieser Aufforderung, sich ja nicht aufzuregen, übersehen, dass darin mit Macht eine Emotion hervorbricht? Und noch am Ende seiner Tagebucheinträge steht er zu dem, was er unaufhörlich getan hat: »Ich gebe die Ausbeute der Stimmungszeichen.«[175]

Zunächst tauchen im *Tagebuch* die Zustände emotionaler *Verwirrung* auf: Wie soll man überhaupt über dieses Chaos von gemischten oder zwiespältigen, hier miteinander verwobenen, dort rivalisierenden Emotionen schreiben? So liest man beispielsweise bereits 1933: »Eigentümliche Stimmungen des Wartens, Hoffens, Resignierens, Sich-in-seine-Rolle-Findens etc.«[176] In einem, so Klemperer, »für die allgemeine Lage charakteristischen Traum« – einem der wenigen

172 Ebd., Bd. I, S. 434 (25. November 1939).
173 Ebd., Bd. I, S. 487 (10. September 1939).
174 Ebd., Bd. I, S. 679 (9. Oktober 1941).
175 Ebd., Bd. II, S. 646 (27. Januar 1945).
176 Ebd., Bd. I, S. 69 (22. November 1933).

Traumberichte in dem *Tagebuch* – versucht der Autor, so erinnert er sich im Nachhinein, verzweifelt »heraus[zu] bekommen, wer der Gegner sei« in dieser so feindseligen Welt und von welcher Seite man etwas zu erwarten habe.[177] Und das passt genau zu seiner Angst als Historiker und als Vernunftmensch: »Wer macht Geschichte? Wer erkennt den wahren Ablauf?«[178]

Daraus resultiert das Gefühl der *Desorientierung*, das Klemperer unzählige Male empfindet und äußert: »Politisch nun ganz deroutiert.«[179] »Wir bemühen uns krampfhaft, an einen rechtzeitigen Umschwung zu glauben, aber ein fester Glaube ist das nicht. [...] Alles liegt im Dunkeln.«[180] Bedrückt durch die Stagnation der Kriegslage und starke antisemitische Hetze konstatiert er: »[...] und schon schlägt die jüdische Hoffnung in neue Furcht vor Verschickung und Schlimmerem um.«[181] Selbst als er vom Rücktritt Mussolinis erfährt, schreibt Klemperer: »Warum soll Deutschland sich nicht noch Jahr und Tag auch ohne Italien halten? Und wenn nun jetzt ein Pogrom einsetzt? Und wenn ... es gibt so viele Möglichkeiten, enttäuscht zu werden [...]«[182] »Absolute Undurchsichtigkeit der Lage.«[183] »Absolutes Nichtwissen.«[184] Einige Tage vor dem großen Bombardement auf Dresden bezeugt der Philologe: »[...] Mischstimmung: Todesnähe und Erlösungsnähe: die Russen vor Krakau, die anglo-amerikanischen Bomber über uns, die Gestapo hinter uns.«[185]

Die *Furcht* also. Die ständige Angst. Warum emigriert Victor Klemperer nicht wie viele seiner anderen intellektu-

177 Ebd., Bd. I, S. 258 (24. April 1936).
178 Ebd., Bd. I, S. 381 (25. September 1937).
179 Ebd., Bd. I, S. 490 (18. September 1939).
180 Ebd., Bd. I, S. 509 f. (13. Januar 1940).
181 Ebd., Bd. II, S. 400 (4. Juli 1943).
182 Ebd., Bd. II, S. 410 (26. Juli 1943).
183 Ebd., Bd. II, S. 411 (27. Juli 1943).
184 Ebd., Bd. II, S. 412 (29. Juli 1943).
185 Ebd., Bd. II, S. 643 (18. Januar 1945).

ellen Kollegen? Im selben Moment, in dem Gertrud Bing vom Warburg Institute aus London in diesem Sinne ihm schreibt, notiert der Philologe für sich: »Es ist nicht bloß aussichtslos, ich fürchte mich auch vor den Aussichten.«[186] Als Mitte 1941 den Juden die Emigration in die USA durch die amerikanische Verwandtenregelung erschwert wird,[187] schreibt er: »Alles Schwanken hat nun ein Ende. Das Schicksal wird entscheiden. Während des Krieges *können* wir nicht mehr heraus, *nach* dem Krieg brauchen wir es nicht mehr, so oder so, tot oder lebendig.«[188] Was bleibt, ist die Angst, die Angst zu gehen, zu bleiben, dort zu bleiben und nie zu wissen, welche Entscheidung die richtige ist. Die Angst ist im *Tagebuch* allgegenwärtig: »Ich bin seitdem [seit einer willkürlichen Verhaftung durch die Gestapo] nicht mehr den Todesgedanken losgeworden.«[189] Und mit der Angst gehen die plötzlichen Herzschmerzen einher, die während all dieser Jahre den Rhythmus seiner Tage vorgeben: »[...] jede kleinste Erregung greift mir so nach dem Herzen, ehe ich sie noch gedanklich auch nur spüre [...]«[190] Die täglichen Herzbeschwerden sind, so schreibt Klemperer, sein »ständige[s] Memento«.[191] »Die Herzbeschwerden beim Gehen werden immer intensiver. Kein Tag, an dem ich den Tod nicht vor Augen habe.«[192]

Sein Sehvermögen lässt nach – eine Katastrophe für den zwanghaften Leser und Schriftsteller, der er ist. Zu Verwirrung, Desorientierung und Furcht gesellt sich zudem eine andauernde *Bedrückung* hinzu – und das von Anfang

186 Ebd., Bd. I, S. 392 (8. Juli 1938).

187 Sofern die jüdischen Antragsteller noch Verwandte in ihrem Herkunftsland hatten, wurde ihnen die Aufnahme verweigert; die USA versuchten auf diese Weise aus Angst vor der Einschleusung von Spionen die Zahl der jüdischen Migranten zu reduzieren. A. d. Ü.

188 Ebd., Bd. I, S. 655 (27. Juli 1941).

189 Ebd., Bd. II, S. 8 (12. Januar 1942).

190 Ebd., Bd. II, S. 645 (20. Januar 1945).

191 Ebd., Bd. I, S. 160 (4. November 1934).

192 Ebd., Bd. I, S. 226 (31. Oktober 1935).

an: »[…] Bedrückung, Bedrückung, Bedrückung. Niemand atmet mehr frei […].«[193] »Das Gefühl des Abgewürgtseins ist gar zu gräßlich.«[194] »Und immer den ganzen, ganzen Tag über der Druck: was wird?«[195] Eine Frage, die subjektiv um so tödlicher ist, als sie auf eine objektiv bestehende Todesgefahr hinweist. Bedrückende Gefühle korrespondieren also mit der realen Verschlimmerung der Lage. Selbst wenn sich nichts zu verändern scheint, besteht Grund zu der Annahme, dass sich alles hoffnungslos verschlimmert: »Die politische Lage unverändert und doch *sourdement s'aggravant* [sic!].«[196] »Die Zeit steht still: es ändert sich nichts; immer die gleiche tödliche, stumpfe Ungewißheit und Gefangenschaft.«[197] Wie soll man sich unter solchen Umständen, unter denen es einen nach dem anderen trifft, nicht jeden Augenblick fragen: »Wann ist es an *mir*?«[198]

Da Klemperer Rousseau, Proust und James Joyce gelesen hat, weiß er nur zu gut, dass jede Emotion lediglich das Symptom einer *affizierten Zeit* ist. Entsprechend sind im Tagebuch die Notizen zu derartigen Gefühlen unzählig: »Ich weiß nicht, ob die Geschichte rast oder stillsteht. […] Nur dies Gefühl des angehaltenen Atmens […].«[199] »Auf die Hoffnung baldigen Umschwungs ist wieder dumpfes und zweifelndes Warten gefolgt.«[200] »[…] ich rechne […] mit allem. Vielmehr: ich rechne mit nichts. Ich warte dumpf und hilflos.«[201] »Bei mir selber ist wohl auch das Gefühl des Wie lange noch? mitwirkend.«[202] »Immer weiter in dem zugleich zermürbenden und abstumpfenden Chaos, der leeren und

193 Ebd., Bd. I, S. 15 (27. März 1933).
194 Ebd., Bd. I, S. 40 (9. Juli 1933).
195 Ebd., Bd. I, S. 513 (17. März 1940).
196 Ebd., Bd. I, S. 473 (20. Juni 1939).
197 Ebd., Bd. I, S. 477 (25. Juli 1939).
198 Ebd., Bd. II, S. 105 (30. Mai 1942).
199 Ebd., Bd. I, S. 129 (1. August 1934).
200 Ebd., Bd. I, S. 167 (4. Dezember 1934).
201 Ebd., Bd. I, S. 219 (29. September 1935).
202 Ebd., Bd. I, S. 340 (27. März 1937).

atemlosen Geschäftigkeit, der absoluten Ungewißheit.«[203] »[...] das Schwanken zwischen der Furcht vor dem Zufrüh und der Furcht vor dem Zuspät.«[204] »Und immer wartend.«[205]

Ein unendlicher Schmerz, dieses Warten. 1942 zitiert Klemperer ein chassidisch inspiriertes Aperçu, das er bei dem zionistischen Autor Shmarja Levin gelesen hat und das sich auf die russischen Pogrome um die Jahrhundertwende bezieht. Es handelt sich um eine Ansprache an Gott – und ist nahezu eine Anklage: »*Du* kannst warten, für *Dich* sind tausend Jahre wie ein Tag – aber *wir* können nicht warten.«[206] Es stellt sich das »ekelhafte Gefühl der Erwartung« ein.[207] Es ist eine beängstigende Zeit, in der alles möglich ist: »Das kann den Anfang der Katastrophe bedeuten. Es *kann* das bedeuten, *muß* es aber *nicht* bedeuten.«[208] Über das eigene affektive Geschehen in einer solchen Situation zu schreiben, bedeutet also, von der unablässigen Beunruhigung zu berichten – denn jeder Moment scheint einer Wegkreuzung zu gleichen, an der sich, ohne dass man etwas voraussehen könnte, entscheidet, ob man sich auf dem Weg des Überlebens befindet oder auf dem in den Tod.

203 Ebd., Bd. I, S. 443 (15. Dezember 1938).
204 Ebd., Bd. I, S. 459 (17. Januar 1939).
205 Ebd., Bd. I, S. 464 (6. März 1939).
206 Ebd., Bd. II, S. 20 (8. Februar 1942).
207 Ebd., Bd. II, S. 41 (7. März 1942).
208 Ebd., Bd. II, S. 294 (22. Dezember 1942).

Verzweiflung und Ekel umlenken

»Zeugnis ablegen bis zum letzten«, also bis zum letzten Wort, zum letzten Gefühl, zum letzten Ereignis. Noch bevor Victor Klemperer diese Entscheidung explizit formulierte – und zwar nachdem er am 11. Juni 1942 die so demütigende Hausdurchsuchung durch die Gestapo über sich ergehen lassen musste –, hatte sein *Wunsch zu schreiben* sozusagen schon für ihn entschieden. Und das von Anfang an im Sinne einer literarischen Introspektion, bei der die Emotionen häufig in den Vordergrund treten und so zu sprachlichen Instrumenten seiner Zeugenschaft werden. »Ich schreibe hier nicht Zeitgeschichte«, notiert er gut zwanzig Tage nach Hitlers Machtergreifung. »Aber meine Erbitterung, stärker, als ich mir zugetraut hätte, sie noch empfinden zu können, will ich doch vermerken.«[209] Und im unmittelbar nachfolgenden Text entsteht spontan eine sehr aufschlussreiche Montage, in der mehrere unterschiedliche Ansätze des Zeugnis-Ablegens aufeinander reagieren und ineinandergreifen: ein politischer Gesichtspunkt (überall der »Terror« von rechts und das »Verbot der kommunistischen Partei«), ein ethischer Gesichtspunkt (»Und alles ist still und duckt sich«) und ein emotionaler Gesichtspunkt (»Der Todesgedanke läßt mich keine Stunde mehr aus seinen Krallen«).[210]

Und so entfaltet sich das Tagebuch auf Anhieb als ein *Schreiben über die Verzweiflung*, die der Autor auf allen Ebenen der Existenz und des Denkens empfindet – eine solidarische, mithin kollektive, wie individuelle Verzweiflung: »Da Telefonieren unsicher, und da alles in Not und Sorge,

209 Ebd., Bd. I., S. 6 (21. Februar 1933).
210 Ebd., Bd. I, S. 6 f. (Selbes Datum).

so haben wir ständig nervenzerrüttenden Vormittags- oder Nachmittagsbesuch. […] Immer die gleichen Gespräche, die gleiche Verzweiflung, das gleiche Schwanken […], immer der gleiche Ekel.«[211] Gleich kommunizierenden Röhren wechselt sich das Ehepaar mit Phasen der Depression ab: »Es ist jetzt so, daß Tag für Tag ein paar Stunden Eva völlig deprimiert ist, ein paar Stunden bin ich es, und ein paar Stunden sind wir es beide.«[212] Und so vergeht die Zeit, eine Zeit, in der es schwer ist, »nicht zu verzweifeln«,[213] zumal das »Gefühl der eigenen Todesnähe«[214] stärker wird.

Schon zehn Jahre, bevor die Nazi-Hölle ein Ende findet, schreibt Klemperer: »Jetzt glaube ich mich oft am Ende.«[215] Ob es sich um die intellektuelle Perspektive, das bürgerliche Leben oder das Leben überhaupt handelt: »Hoffnung, einen Umschwung zu erleben, ist kaum vorhanden.«[216] »Ich bin in ständiger dumpfer Spannung, ich warte immerzu, auf *das* Ende, auf *mein* Ende, auf irgend etwas.«[217] »Heißer Kopf und völlige Depression. Um so schlimmere, als ich mir immer wieder sagen muß, daß all diese Mühe [des Schreibens] zwecklos ist.«[218] Man stellt im Laufe der Zeit fest, dass die persönliche Verzweiflung Klemperers ständig begleitet – und im Grunde verursacht – wird von der *politischen Verzweiflung*: »In politicis gebe ich allmählich die Hoffnung auf; Hitler ist doch wohl der Erwählte seines Volkes.«[219]

Und das ist es, wozu ihn die Tyrannei dann nötigt und was er mit eigenen Händen durchführt: »[…] verbrennen, verbrennen, verbrennen stundenlang: Briefe, Manuskripte in Haufen. Angreifend für die Augen, man muß das Zeug

211 Ebd., Bd. I., S. 23 f. (25. April 1933).
212 Ebd., Bd. I., S. 80 (16. Januar 1934).
213 Ebd., Bd. I., S. 168 (16. Dezember 1934).
214 Ebd., Bd. I., S. 173 (30. Dezember 1934).
215 Ebd., Bd. I, S. 180 (7. Februar 1935).
216 Ebd., Bd. I, S. 245 (31. Januar 1936).
217 Ebd., Bd. I, S. 250 f. (6. März 1936).
218 Ebd., Bd. I, S. 303 (9. September 1936).
219 Ebd., Bd. I, S. 340 (27. März 1937).

immer wieder umwälzen, die Manuskriptblätter, dicht aufeinander, brennen sonst nur am Rand.«[220] Unmittelbar bevor er ins kollektive »Judenhaus« umziehen muss, muss er gewissermaßen ganze Teile seines Lebens, seiner eigenen Erinnerung vernichten; in Zukunft werden, dank der Hilfe einer »arischen Freundin«, die Blätter seines Tagebuchs bei ihr versteckt – woran man sieht, wie wertvoll es ihm ist.[221] Von nun an sind Klemperer und seine Frau »[t]iefbedrückt von der Niedertracht der Rechtlosigkeit«,[222] die in allem »die Not jämmerlicher und erbärmlicher«[223] werden lässt. »Ich leide wieder unter dem scheußlichen Gefühl, mich auf das Schlafengehen zu freuen und vor dem Aufwachen zu fürchten.«[224] Die einzige Sicherheit: »Mehr als krepieren kann ich nicht.«[225] »Ich werde die Todesangst nicht mehr los. Das ist schlimmer als 1915.«[226] Damals hatte Klemperer im Schützengraben gekämpft, die militärischen Orden dafür sind inzwischen von der Gestapo konfisziert.

Und wenn da nur Verzweiflung wäre! Subjektiv gesehen droht eine noch größere Gefahr: *Apathie* oder *Gleichgültigkeit*. »Im ganzen lebe ich stumpf über Verzweiflung und fast schon Gleichgültigkeit hinweg.«[227] Mit seiner kantianischen Würde neigt Klemperer häufig dazu, sich als Einziger für einen solchen Zustand verantwortlich zu fühlen: »[…] aber ich komme zu keinem Ziel mehr, der eigentliche [wissenschaftliche] Wurf bleibt aus, ich bin älter und zu alt geworden […].«[228] Selbst die Personen aus der jüdischen Gemeinde

220 Ebd., Bd. I, S. 527 (22. Mai 1940).

221 Von seinen eigenen Studien behält er jeweils zwei Exemplare und übergibt sie, zusammen mit unveröffentlichten Manuskripten, ebender arischen Freundin in einem Wäschekoffer. Vgl. ebd. A. d. Ü.

222 Ebd., Bd. I, S. 561 (11. November 1940).

223 Ebd., Bd. I, S. 549 (30. August 1940).

224 Ebd., Bd. I, S. 580 (20. Februar 1941).

225 Ebd., Bd. II, S. 21 (13. Februar 1942).

226 Ebd., Bd. II, S. 150 (1. Juli 1942).

227 Ebd., Bd. I, S. 26 (30. April 1933).

228 Ebd., Bd. I, S. 85 (2. Februar 1934).

in Dresden, die ihrem Leben ein Ende setzen, scheinen ihm mehr Energie und Courage zu haben als er selbst: »Wo nehmen die Leute Mut zum Selbstmord her?«[229] Die Entmutigung ist unermesslich groß: »Aber immer dieses lähmende: Wozu? [...] Ich verbiete mir wieder und wieder alles Denken und lebe von Tag zu Tag.«[230] »Es sind doch die traurigsten Zeiten meines Lebens. Wenn es mir früher schlecht ging, hatte ich Zukunft vor mir. Jetzt glaube ich mich oft am Ende.«[231] »[...] ständige Zerschlagenheit [nach einer Grippe] lähmt mich. [...] Politisch hoffnungslos [...].«[232] »Ich bin unendlich bedrückt, ich erlebe keine Änderung mehr.«[233]

Aber dieser emotionale Zustand verweist auf nichts anderes als auf das, worauf jede politische Tyrannei abzielt: Die Menschen sollen erleben, dass sie zu keiner Veränderung fähig sind. Darum genau geht es dem Totalitarismus: uns apathisch und gleichgültig zu machen, d.h. uns *der Zukunft*, unserer Zeit und unserer Selbstgestaltung zu *berauben*. Die *Teilnahmslosigkeit*, von der Klemperer spricht, weist insofern auf den Verlust der *Sinngebung* hin: auf die Unfähigkeit des *logos*, die Zeichen, Werte, wahren und falschen Inhalte zu unterscheiden. Was die *Apathie* anbetrifft, die damit immer einhergeht, so bezeichnet sie den Verlust der *Empfindungsfähigkeit*: eine Unfähigkeit, von Mensch zu Mensch das *Pathos* miteinander zu teilen, mithin isolierte Emotionen. Klemperer, der sich dieses Zustandes bewusst und über beide Unfähigkeiten entsetzt ist, mit denen die politische Situation – als Ensemble von Sprache, Psyche und den Geschehnissen des öffentlichen Lebens – den Bürgern und namentlich ihm selbst das Leben schwer macht, neigt allerdings zunächst zur Selbstanklage. Er, dessen ganzes Leben auf *Teilen* aufgebaut war, beginnt, sich von anderen

229 Ebd., Bd. I, S. 100 (25. März 1934).
230 Ebd., Bd. I, S. 103 f. (24. April 1934).
231 Ebd., Bd. I, S. 180 (2. Februar 1935).
232 Ebd., Bd. I, S. 189 (17. März 1935).
233 Ebd., Bd. I, S. 250 (8. März 1936).

isoliert zu fühlen. »Nicht einer von all den romanistischen Kollegen hat mich [während des Neuphilologenkongresses] aufgesucht; ich bin wie eine Pestleiche.«[234]

Man könnte sagen, dass die Apathie genauso ansteckend ist wie die Paranoia: antisemitisches Hassgeschrei auf der einen Seite und Teilnahmslosigkeit gegenüber dem Unglück anderer auf der anderen. Das sind zwei Seiten einer Medaille. So notiert Klemperer beispielsweise, seine Frau habe »auf die ungemeine Gleichgültigkeit, ja offensichtliche Stumpfheit« hingewiesen, mit der der Beschuss des deutschen Kriegsschiffs »Deutschland« hingenommen worden war [auf den dann am 31. Mai 1937 als Rache die Bombardierung von Almería durch die deutsche Marine folgte, vier Tage nach der Zerstörung Guernicas durch die Legion Condor]; und Klemperer ergänzt: »[...] alles macht apathisch.«[235] Dies um so mehr, als die Unterdrückungsmaßnahmen, die jeden betrafen, nur bewirkten, dass man sich in sich selbst zurückzog.[236] Klemperer, der unter der objektiven Strafe leidet, »vaterlandslos« im eigenen Land geworden zu sein, bemerkt zudem mit Entsetzen, dass, seit er durch die weltweite Situation in der Falle sitzt, seine Empfindsamkeit und seine Innerlichkeit immer mehr dahinschwinden: »Es ist überhaupt, wie ich ja schon oft konstatiert habe, nicht mehr viel Gefühl für die Menschen in mir übriggeblieben.«[237]

In diesem »[g]anz ungeistigen Leben«, in dieser bis »zur Stumpfheit gespannte[n] Lage«[238] bringt Klemperer gleichwohl die Energie auf, trotz allem verstehen zu wollen – eine Form, zur Teilnahme zurückzufinden. Es entsteht abwechselnd eine Art Selbstanalyse und eine kritische Beobach-

234 Ebd., Bd. I, S. 223 (19. Oktober 1935).

235 Ebd., Bd. I, S. 358 (2. Juni 1937). [Bei dem Beschuss des deutschen Kriegsschiffs im Vorhafen von Ibiza wurden 31 Matrosen getötet und 75 verletzt. A. d. Ü.]

236 Vgl. ebd.

237 Ebd., Bd. I, S. 373 f. (17. August 1937).

238 Ebd., Bd. I, S. 531 (31. Mai 1940) und S. 537 (6. Juli 1940).

tung der ihn umgebenden Gesellschaft, handele es sich um das totalitäre Umfeld im Allgemeinen oder das elende seiner Gefährten im Unglück (besser gesagt: in der Unterdrückung). So begibt sich Klemperer beispielsweise eines Tages im Jahr 1942 auf den jüdischen Friedhof – was er von nun an häufig tut –; dort sehen alle »vergrämt und verhungert aus«. In eine Reihe kleiner Löcher deponiert man die Urnen der vom Regime Ermordeten. Währenddessen wirft sich Klemperer vor, nahezu unsensibel geworden zu sein, er bezeichnet sich als »feige und egoistisch«: Vor der kleinen Urne ertappt er sich dabei, wie er einfach an den lächerlichen Unterschied zwischen dem »riesigen Schuster« von einst und der »ganz, ganz kleine[n] Urne« denkt, in der jener nun zu einem Häuflein Asche wurde.[239] Einige Wochen später begibt sich der Philologe ans Bett einer Nachbarin, die sich umgebracht hat: »Eine Viertelstunde später war ich unten, da war schon kein Laut mehr, Mund offen, ein Auge offen, offenbar Tod. [...] Wieder konstatiere ich bei mir völlige Herzenskälte und Stumpfheit. Mein erster Gedanke: Wir werden Kartoffeln erben.«[240]

Eine Sache ist es, die »allgemeine Abgestumpftheit« zu konstatieren, die aus der Stimmungslage resultiert: »Wir sind beim Ende mit Schrecken angelangt«;[241] das »allgemeine[...] Elend« zu beobachten;[242] oder zu sehen, wie man »stumpf und mürbe« wird und »nur noch das nackte Leben retten« möchte;[243] und schließlich zu begreifen, dass diese Apathie mit einer grundsätzlichen »Stumpfheit oder Abgestumpfheit der Phantasie« einhergeht ...[244] Eine andere Sache ist es, diese Apathie mühevoll von sich abzuschütteln und sich darum zu bemühen, sein *Vorstellungsvermögen*

239 Ebd., Bd. II, S. 155 f. (5. Juli 1942).
240 Ebd., Bd. II, S. 214 (20. August 1942).
241 Ebd., Bd. II, S. 228 (30. August 1942).
242 Ebd., Bd. II, S. 234 (6. September 1942).
243 Ebd., Bd. II, S. 274 (13. November 1942).
244 Ebd., Bd. II, S. 584 (15. September 1944).

wiederzuerlangen: das ist das wesentlichste Mittel, die eigene Verzweiflung in Richtung einer Art Resubjektivierung umzulenken – damit eine wiedererwachte Sensibilität, ein neu beginnendes Denken, eine wiedererlangte Würde und Handlungs- und Überlebensmöglichkeiten in Gang kommen, sich mithin eine Tür zur zukünftigen Entwicklung wieder öffnet.

Klemperer wird, um seine Verzweiflung umzulenken, zwei einander ergänzende Pfade einschlagen: Der erste führt zum eigenen Ich, also zu dem, was ich als Selbstanalyse bezeichnet habe. Diese ist allerdings seit dem heiligen Augustinus, Montaigne oder Jean-Jacques Rousseau ein fester Bestandteil der Gattung Autobiographie und deren Grundform: des Tagebuchs. Klemperer bemerkt in seiner Verzweiflung, in der er wie in einem stehenden Gewässer treibt, zunächst all das, was aus der Tiefe in ihm aufsteigt. »Zwei schwere, nun schon wochenlang anhaltende Depressionen neben meinen nie aussetzenden Herzbeschwerden [...].«[245] »Ich werde der letzte von unserer Familie hier sein und werde hier zugrunde gehen. Ich kann nichts anderes tun. [...].«[246] Aus der sozialen Einsamkeit kommen »Erinnerungen aus der Kinderzeit (bei mir so sehr spärlich)« hoch, die ihn vor allem mit seinem quälenden Schamgefühl konfrontieren.[247]

Er, der selbst recht regelmäßig in seinen philologischen und politischen Notizen das Wort »unbewusst« gebraucht, stellt fest, wie stark dies auf ihn selbst zutrifft. »Wirklich verstehen kann ich meinen Vater erst jetzt [...],« schreibt er mit Blick auf Alter und Tod, insbesondere in Erinnerung an einen Satz, den der alte Rabbiner früher häufig wiederholt hat, worüber sein Sohn stets lachen musste: »Ich wollt, es wäre Schlafenszeit und alles wär vorbei.«[248] Es entbehrt

245 Ebd., Bd. I, S. 231 (2. Dezember 1935).
246 Ebd., Bd. I, S. 248 (6. März 1936).
247 Ebd., Bd. I, S. 330 (10. Januar 1937).
248 Ebd., Bd. I, S. 406. (10. Mai 1938) und S. 420 (24. August 1938).

nicht einer gewissen Logik, dass der Philologe, der Gelehrte der entwickelten Sprachen, schließlich wie ein sich selbst beobachtender Psychologe seine eigenen Träume aufzuschreiben beginnt: »Ich träume so selten. Und heute früh wachte ich geängstigt auf. Es war so heiß, ich hatte an einer Trambahnstelle meinen Mantel zusammengerollt auf den Boden gelegt (den Mantel *mit* dem Stern) und stand im Jackett ohne Stern. Zwei Herren redeten mich an: ›Wir haben Sie doch schon oft mit dem Judenstern gesehen. Wieso ...?‹ Darüber wachte ich mit einem scheußlichen Angstgefühl auf. Neulich im Traum gehängt, heute sternlos, es kommt auf dasselbe hinaus.«[249] »Heute nacht träumte ich mit größter Ausführlichkeit, ich sei ohne Stern in ein Kaffeehaus gegangen und säße nun in Angst, erkannt zu werden.«[250]

Zudem beobachtet er an sich selbst Zeitreisen, die durch den Gegensatz zwischen seinem Alltag und dem Auftauchen bestimmter Erinnerungsbilder die tragische Lage seines gegenwärtigen Lebens hervorheben. So berichtet Klemperer im Mai 1944, dass er seit einiger Zeit eine Krawatte trägt – und zwar die, die »von Ernst Kreidl, dem Erschossenen, geerbt ist«. Infolgedessen wird das Lebensgefühl immer düsterer: »[...] alles und jedes erinnert, bedroht«, bis hin zu den Details der zerlumpten Kleidungsstücke, die ihm noch geblieben sind.[251] Ein wenig später ruft der Tabakmangel folgende Erinnerung in ihm wach: »Es ist mir eine Früherinnerung aus Berlin, wie arme Leute mit Stockspitzen weggeworfene Stummel von der Straße aufspießten. Ich fand das jämmerlich und abstoßend. Als Eva vor einigen Monaten ein paar Zigarettenstummel aus dem Restaurant mitbrachte, war ich entsetzt. Und jetzt rauche ich das Zeug selber mit Genuß [...].«[252]

Eines der am häufigsten in dem *Tagebuch* verwendete

249 Ebd., Bd. II, S. 221 (23. August 1942).
250 Ebd., Bd. II, S. 312 (14. Januar 1943).
251 Ebd., Bd. II, S. 524 (29. Mai 1944).
252 Ebd., Bd. II, S. 529 (13. Juni 1944).

Worte ist zweifellos das Wort »Ekel«. Bereits 1933 teilt Klemperer mit: »Ich kann das Gefühl des Ekels und der Scham nicht mehr loswerden. Und niemand rührt sich; alles zittert, verkriecht sich.«[253] Er berichtet, dass ihm »von diesem Händeaufheben [zum Hitlergruß] buchstäblich übel« wird.[254] Auf einer Spazierfahrt in der Umgebung von Dresden ist er bestürzt über den Kontrast zwischen der »wunderschönen Landschaft« und den überall anzutreffenden »Ekelfiguren« auf den Schildern mit Nazi-Propaganda.[255] Es ist offenbar die Epoche als solche, die ihm derartigen Ekel bereitet: Ekel vor den Gewalttätigkeiten des Regimes, den Propagandalügen, dem Mitläufertum der Bevölkerung. Infolgedessen empfindet Klemperer, dass es ihm trotz aller Anstrengung unmöglich ist, diesem Zustand der Übelkeit zu entkommen: »Wir bemühen uns immerfort, alle subjektiven Gefühle des Ekels, des verletzten Stolzes, alles Stimmungshafte auszuscheiden und nur die Konkreta der Situation abzuwägen.« Aber selbst in diesem Tagebucheintrag sieht man, worauf die »Konkreta« in einer Situation der Bedrohung und der Willkür des Terrors hinauslaufen; die drohende Inhaftierung löst Angst aus und wirft die Frage nach dem Exilieren auf: »Ins Nichts gehen, im Verderben bleiben?«[256]

Ist es in einer solchen Atmosphäre des totalitären Terrors nicht völlig aussichtslos, den »Ekel« loszuwerden? Die Größe Klemperers erweist sich darin, dass es ihm trotzdem gelingt, seinen Ekel und mit ihm seine grundlegende Verzweiflung umzulenken. Indem er den »Ekel« mit der »Scham« in Verbindung bringt, schafft der Philologe den Brückenschlag zwischen zwei Formen der Sensibilität: einer *sensorischen Sensibilität*, so könnte man sagen, d. h. dem Ekel als

253 Ebd., Bd. I, S. 12 (17. März 1933).

254 Ebd., Bd. I, S. 87 (15. Februar 1934).

255 Ebd., Bd. I, S. 417 (27. Juli 1938). [Die Gaststätte »Weißer Hirsch«, wo man Klemperers wegen eines Autodefekts freundlich behilflich ist, wirbt mit dem Schild: »Der Hirsch verjagt den Juden.« A. d. Ü.]

256 Ebd., Bd. I, S. 436 (27. November 1938).

unmittelbar physischer Empfindung einer »Atmosphäre«, die man in sich aufgenommen hat – wie dies namentlich Hubertus Tellenbach aufgezeigt hat;[257] und einer *ethischen Sensibilität*, also dem Ekel als einem Gefühl ansozialisierter Scham, von der Primo Levi eindrucksvoll sprach und für die Tzvetan Todorov den treffenden Ausdruck »die Scham, ein Mensch zu sein« prägte: mithin der verantwortungsvollen, teilnahmsvollen Scham, der Scham für sich und andere.[258]

Als Klemperer im März 1933 schrieb, er könne das Gefühl des Ekels und der Scham nicht mehr loswerden, bringt er beide in einen Zusammenhang; wenige Tage später präzisiert er hinsichtlich der Scham: »Ich empfinde eigentlich mehr Scham als Angst, Scham um Deutschland.« Scham um Deutschland und um jene verrückten Erwachsenen, die für ihre Kinder schöne Kinderbälle »mit Hakenkreuz« entwerfen.[259] Man könnte demgemäß sagen, dass das Schamgefühl das Empfinden von Ekel wieder aufgreift und ethisch neu formuliert. Mit Blick auf einen solchen ethischen Wert, wir könnten ihn nach Kant als *Würde* bezeichnen, kämpft Klemperer häufig – nicht gegen seine Affekte, wohl aber gegen ihre intime oder intersubjektive, in jedem Fall unkontrollierte Ausdrucksform: »Es ist das Schamgefühl, das mir den pathetischen Ausdruck, jede Geste in eigener Sache verbietet. Das mir auch das Weinen unmöglich macht. Es ist mir immer im höchsten Grad peinlich, wenn ich im Kino oder beim Vorlesen oder bei irgendeinem Einfall Tränen aufsteigen fühle. Was neuerdings bei sehr kaputten Nerven allzuoft der Fall ist.«[260]

257 Vgl. Hubertus Tellenbach, *Geschmack und Atmosphäre*. Salzburg: Otto Müller Verlag 1968. – Vgl. ebenfalls Aurel Kolnai, »Der Ekel« (1929), in: *Ekel, Hochmut, Haß. Zur Phänomenologie feindlicher Gefühle*, a. a. O., S. 7–65.
258 Primo Levi, *Die Untergegangenen und die Geretteten*. Übersetzt von Moshe Kahn. München: Hanser 1990, S. 69–87. – Vgl. auch Tzvetan Todorov: *Angesichts des Äußersten*. Aus dem Französischen von Wolfgang Heuer und Andreas Knop. München: Wilhelm Fink Verlag 1993, S. 287.
259 Victor Klemperer, ebd., Bd. I, S. 15 und S. 16 (30. März 1933).
260 Ebd., Bd. I, S. 107 (13. Mai 1934).

Er verhindert sie nicht: Die Tränen treten ihm in die Augen, und das *Tagebuch* muss – aus ethischen, literarischen und »wissenschaftlichen« Gründen – davon Zeugnis ablegen. Also muss man sich darauf einstellen und darum bemühen, den eigenen Schmerz auf etwas zu verlagern, das nicht isoliert ist, sondern sich zum Teilen eignet. Das kann mit einem emotionalen Umschwung beginnen, der sich an einen anderen richtet: vom Ekel zur Scham, schließlich zur Wut. Und so ist Klemperer, als es auf die von Hitler inszenierten Scheinwahlen zur Erneuerung des Reichstags (bei denen die einzig zugelassene Partei 92 % der Stimmen erhalten wird) zugeht, beunruhigt und angewidert: »Was tun wir am 12. November? An die Bewahrung des Wahlgeheimnisses glaubt niemand, an das richtige Stimmenzählen glaubt auch niemand; wozu also Märtyrer sein? Andrerseits: dieser Regierung ja sagen? Es ist unausdenkbar ekelhaft.«[261] Eine Woche später tritt an die Stelle des Ekels die Wut: »Letzten Sonntag nachmittag waren Kaufmanns und Frau Rosenberg zum Kaffee bei uns. Es gab eine furchtbar erregte Szene, als Herr Kaufmann erklärte, sich zum ›Ja‹ beim Plebiszit entschlossen zu haben, die gleiche Anweisung habe ›schweren Herzens‹ auch der Zentralverband deutscher Juden ausgegeben. Ich verlor alle Contenance, hämmerte mit der Faust auf den Tisch und brüllte Kaufmann wiederholt die Frage zu, ob er diese Regierenden, deren Politik er bejahe, für Verbrecher halte oder nicht. Er verweigerte mit schöner Nathansweisheit [eine Anspielung auf Lessings *Nathan der Weise*] die Antwort; ich hätte ›kein Recht, diese Frage zu stellen‹.«[262] Was also tun angesichts der Ausflüchte der einen und der anderen? Wie mit der Verzweiflung und dem Ekel, mit dieser ohnmächtigen politischen Wut umgehen?

261 Ebd., Bd. I, S. 65 (2. November 1933).
262 Ebd., Bd. I, S. 67 (9. November 1933).

Von der ethischen Möglichkeit: »Es gibt ein Dennoch …«

Ebenso ergreifend, wie Victor Klemperer die Verzweiflung aushält, ist das Durchhaltevermögen, mit dem er in seinem *Tagebuch* dem Terrorregime der Nazis entgegentritt und das er mit Humor, Bescheidenheit und – auf der Grundlage einer Kindheitserinnerung – mit einer gewissen Zärtlichkeit als seine »Papiersoldaten« bezeichnet. Wie fragil und nahezu lächerlich sind diese kleinen Papiersoldaten! Wie ist es denkbar, dass sie auch nur einen einzigen Moment gegen die erstbesten Dreckskerle ankämpfen können, beispielsweise gegen die beiden Gestapomänner, die 1942 überfallartig seine Bleibe durchsuchen? Klemperer schreibt sein *Tagebuch*, würde man zunächst sagen, aus Hoffnungslosigkeit: All seine Notizen, so versichert er, »werden immer *Papiersoldaten* bleiben und genauso verschwinden wie die wirklichen Papiersoldaten meiner Kinderzeit«.[263] Aber wenn diese Hoffnungslosigkeit mit einem solchen Durchhaltevermögen einhergeht – immerhin wurden in etwa zwölf Jahren an die 5000 Blätter vollgekritzelt –, dann deshalb, weil Klemperer aus Erfahrung weiß, dass es Papier, mag es auch noch so fragil sein, häufig schafft, in »finsteren Zeiten« zu überleben, beispielsweise versteckt im Hohlraum einer belanglosen Mauer. »[…] es ist so wenig Hoffnung, daß ich überlebe, und noch viel weniger Hoffnung, daß meine Manuskripte in Pirna überleben. Die Vernichtung geht immerfort weiter, Tag und Nacht«, schreibt Klemperer gut zwei Wochen nach der massiven Zerstörung Dresdens durch britische und ame-

263 Ebd., Bd. II, S. 344 f. (17. März 1943).

rikanische Bomber.[264] *Und dennoch*: Selbst unter den verrückten Lebensbedingungen, die nun die seinen sind, füllt er weiterhin Seite um Seite: »[…] das ist nun meine Art des Stoizismus«, notiert er gut zehn Tage später.[265] Und es sind nunmehr bereits zwölf Jahre vergangen, in denen er im durchlebten Unheil diesen Drahtseilakt vollführt und, um Balance zu finden, beharrlich schreibt, beschreibt, bezeugt, reflektiert – und damit Schritt für Schritt sein *und Dennoch* verwirklicht. Was steckt hinter diesem Durchhaltevermögen? Möglicherweise das *Begehren* als solches, d. h. die Neigung eines Menschen, stets noch einmal neu zu beginnen und trotz aller Hindernisse, die sich ihm entgegenstellen, weiterzumachen. In seiner *Ethik* bezeichnete dies Spinoza auf anthropologischer Ebene als *conatus* und meinte damit die Fähigkeit, überhaupt zu begehren, das mühevolle Streben zu leben; vielleicht steckt dahinter auch das, was er auf der eigentlich ethischen Ebene als *spes* bezeichnete, mithin jenes Gefühl von Hoffnung, das er als »unbeständige Freude« [*inconstans laetitia*] definierte, »die dem Vorstellungsbild [*ex imagine*] einer zukünftigen oder vergangenen Sache entsprungen ist«.[266]

Mit Sicherheit war Klemperer nicht von Natur aus »Optimist«. Aber ein Großteil seiner Kraft – seines Durchhaltevermögens, seiner Widerstandsfähigkeit, sogar seiner politischen Tugend – erwuchs ihm aus der *ethischen Möglichkeit*, die er, im Unglück gefangen, koste es, was es wolle, für sich offenhalten musste. Und dies vollzog sich mit einer Freude, die der Verzweiflung abgetrotzt war – allemal einer »unbeständigen Freude«. Und es vollzog sich dank seines *Vorstellungsvermögens* und einer enormen *Sensibilität für die Zeitläufte*, so dass er Veränderungen von scheinbar ewigen Zu-

264 Ebd., Bd. II, S. 695 (8. März 1945).

265 Ebd., Bd. II, S. 702 (19. März 1945).

266 Baruch Spinoza, *Ethik in geometrischer Ordnung dargestellt*. Neu übersetzt, herausgegeben und mit einer Einleitung versehen von Wolfgang Bartuschat. Hamburg: Meiner 1915, S. 259.

ständen zu antizipieren und abzuwarten wusste. Die große Kraft Klemperers lag also darin, dass er sich dazu zwang, in den Blick zu bekommen, dass sich Dinge *verändern können*. Alles ist düster, und der Terror lastet zweifellos wie Blei auf allem. Aber: »Hat Eva bis dahin ein paar Weinkrämpfe weniger, versagt mir bis dahin das Herz ein paarmal weniger: so ist doch auch etwas gewonnen. Immerhin lastet der dumpfe Druck ständig auf mir.«[267]

Der Druck bleibt bestehen. Aber so, wie sich das Wetter je nach Hoch- und Tiefdruck ändert, werden sich auch die Emotionen ändern und, wer weiß, vielleicht auch der Lauf der Geschichte selbst. Um das wahrzunehmen und es zu nutzen bedarf es der Geduld, des Durchhaltevermögens sowie des Kampfgeistes. Zwischenzeitlich schreibt Klemperer, als handele es sich um einen Wetterbericht: »Wechselnde Stimmungen.«[268] Später lässt er sich, ohne Angst vor Paradoxien, zu solchen Äußerungen hinreißen: »Trotz allem und trotz unserer furchtbaren Verlassenheit von allen Freunden war der gestrige Sonntag tröstlich.«[269] Oder: »Ich bin nur anfallsweise bedrückt, lasse die Dinge im übrigen laufen und habe stundenweise ein ganz vergnügtes Lebensgefühl.«[270] Oder auch: »Manchmal ziehe ich gerade aus der furchtbaren Trostlosigkeit der Lage einen gewissen Trost.«[271]

Man wird sich kaum darüber wundern, dass die Formulierung »trotz allem« auf den Seiten dieses *Tagebuchs* immer wieder vorkommt. Klemperer zufolge ist es »Zeitvergeudung«, wenn man sein ganzes psychisches Reservoir dem »Katzenjammer« überlässt.[272] Das *Trotz allem* ist demnach eine Art, keine Zeit und auch den Kopf nicht zu verlieren. Aber das ist keineswegs einfach: »Ich zwinge mich zu einer

267 Victor Klemperer, Bd. I, a. a. O., S. 97 (19. März 1934).
268 Ebd., Bd. I, S. 198 (4. Mai 1935).
269 Ebd., Bd. I, S. 305 (14. September 1936).
270 Ebd., Bd. I, S. 364 (28. Juni 1937).
271 Ebd., Bd. I, S. 399 (30. März 1938).
272 Ebd., Bd. I, S. 414 (12. Juli 1938).

Mischung aus Hoffnung und Nicht-daran-Denken [an das, was nicht gerettet werden kann].«[273] Nachdem Klemperer eine bedrückende Woche im Dresdner Gefängnis verbracht hat, schreibt er: »Vielleicht war dies das Gute an der Leidenszeit, daß wir uns unserer Zusammengehörigkeit, unseres Glücks, der absoluten Unwichtigkeit aller Dinge außerhalb dieses Beisammenseins neu bewußt wurden.«[274] Und einige Monate später: »*So* optimistisch bin ich nicht, aber ein bißchen Hoffnung gestatte ich mir doch. – Das Hoffen tut gar zu not, ich bin ja so elend gefangen.«[275] Und schließlich, beim Jahresrückblick quasi als Toast auf den heiligen Silvester: Das war »unser grausigstes Jahr«, aber es brachte »am Schluß die Zuversicht [...]: Die letzten schweren fünf Minuten die Nase hoch!«[276]

Klemperer verwendet, um dieses emotionale Durchhaltevermögen zu illustrieren, einen wundervollen Ausdruck: er spricht von seiner »Hoffnungsuhr«.[277] Man stellt fest, dass diese, je nach den Umständen, nach »Hoch- und Tiefdruckgebieten«, Stimmungsschwankungen unterliegt und mitunter verrückt spielt – ganz wie ein Barometer. Und man kann sich leicht vorstellen, dass der auf das 18. Jahrhundert in Frankreich spezialisierte Philologe an den literarischen Begriff des »Seelenbarometers« anknüpft, der für die damalige Epoche und die damit einhergehende Geburtsstunde des Tagebuchs als Genre typisch war.[278] So merkt er an einem Tag an: »Einziger froher Eindruck in dieser täglich lastenderen Zeit: daß es nun schon so schön zeitig hell wird.«[279] Und ebenfalls 1942 bezeichnet er Dresden – seine

273 Ebd., Bd. I, S. 508 (31. Dezember 1939).
274 Ebd., Bd. I, S. 601 f. (6. Juli 1941).
275 Ebd., Bd. I, S. 676 (1. Oktober 1941).
276 Ebd., Bd. I, S. 703 f. (31. Dezember 1941).
277 Ebd., Bd. II, S. 427 (15. September 1943).
278 Vgl. Pierre Pachet, *Les Baromètres de l'âme. Naissance du journal intime*. Paris: Hatier 1990 (erweiterte Neuauflage Paris: Le Bruit du temps 2015).
279 Ebd., Bd. II, S. 62 (7. April 1942).

tägliche Hölle, sein Gefängnis, seine ständige Bedrohung – als »wunderschöne« Stadt.[280]

Und all dies könnte nicht seine volle Bedeutung erlangen ohne die *Schreibuhr*, in der Klemperer den eigentlichen Sinn seiner Zeit, seines Lebens findet: »Besonders am Vormittag schlafe ich immer wieder ein, bald auf dem Sofa, bald sitzend im Lesen. Die beiden Brillen übereinander, die Erschöpfung, die immer schlechtere Beköstigung, die Verkalkung – che so io? Trotzdem, im Laufe des Tages raffe ich mich, und etwas wird immer geschafft. Was wird geschafft? – Papiersoldaten […], alles durcheinander, wie es der Zufall will. Und doch mag einmal etwas daraus werden – ich bin ja immer von dem einen Gedanken besessen und finde in allem Bezug auf ihn.«[281]

Die »Hoffnungsuhr« enthält letztlich als Begriff die *Hoffnung für die anderen*, und darin liegt die eigentlich ethische Dimension des *Pathos* von Klemperers Zeugenschaft. Sein Status als Wissenschaftler – man spricht ihn, trotz seiner sozialen Degradierung und seiner elend ausgehungerten Paria-Erscheinung noch manchmal als »Herr Professor« an – animiert ihn dazu, in der bedrückten Atmosphäre des »Judenhauses« den Gesprächen eine »ermutigende« Richtung zu geben: »Im Judenhaus spiele ich immer die Rolle des Optimisten. Aber ganz sicher bin ich meiner Sache durchaus nicht.«[282] »Tägliches Ereignis im Judenhaus: Frau Kreidl sen. Bei uns in Tränen, sie wolle nicht mehr leben. Muß getröstet werden. Herzanfall Kätchen Saras. Muß getröstet werden. Ähnliche Szenen bei Eva und mir. Bei wechselnden Rollen. Der Tröstende sagt immer, was er selber nicht glaubt, und richtet sich an den eigenen Worten auf. Für ein paar Stunden.«[283] Bis zum letzten übernimmt Klemperer die paradoxe Rolle der »Hoffnungsuhr« und legt, ein wahrer Drahtseilakt, eine Sensibilität an den Tag, in

280 Ebd., Bd. II, S. 136 (19. Juni 1942).
281 Ebd., Bd. II, S. 537 (28. Juni 1944).
282 Ebd., Bd. I, S. 542 (24. Juli 1940).
283 Ebd., Bd. I, S. 668 (17. September 1941).

der er – trotz aller Spaltungen – nie von anderen isoliert ist und immer zum Teilen aufruft. Dahinter steckt der Mut zum *und Dennoch*, der sich, vor dem Hintergrund des sich zutragenden Unheils, beharrlich dem Anderen wie auch der eigenen Person zuwendet.

»An meinem Bleistift klettere ich aus der Hölle«

Für den Philologen Victor Klemperer bestand ein besonders deprimierender Aspekt des totalitären Terrors, dem er in seinem Alltagsleben ausgesetzt war, in der *verlogenen Sprache*, die den gesamten öffentlichen Raum, aber auch private Gespräche, deren Zeuge er war, beherrschte und zu der seine eigene Muttersprache verkommen war. Hätten die Goebbels-Reden aus Klemperer einen wahren »Sprachverstörten« gemacht und ihn damit zum Schweigen gebracht, so hätte dies den tatsächlichen und vollständigen Sieg des totalitären Regimes über ihn, den Gelehrten, bedeutet. Aber dergleichen geschah nicht. Klemperer ertrug die Flut staatlicher Lügen und setzte – allerdings für sich allein, im Geheimen selbstverständlich – weiterhin seine *Hoffnung in die Sprache*. Bereits 1933 schrieb er in sein *Tagebuch*: »Ich will dieses Als-ob-Handeln fortsetzen, alles andere wäre noch sinnloser.«[284] Im darauffolgenden Jahr: »Das Herz sehr schlecht. [...] Ich klammere mich an die Arbeit. [...] Es hat aber keinen Zweck zu verzweifeln.«[285] Und vier Jahre später: »Und auf die Dauer vermag ich dies bloße Herumtappen [gemeint sind die hilflosen Ansätze, für eine mögliche Emigration Englisch zu lernen], diesen völligen Mangel an produktiver Arbeit nicht zu ertragen. Vergeht der Januar, ohne die Sicherheit der Emigration zu bringen, dann konzentriere ich mich auf die Vita, von der ich neulich die ersten ›Papiersoldaten‹-Zeilen niederschrieb.«[286]

Was er hier als seine *Vita* bezeichnet, ist im Grunde alles,

284 Ebd., Bd. I, S. 64 (30. Oktober 1933).
285 Ebd., Bd. I, S. 146 (26. September 1934).
286 Ebd., Bd. I, S. 451 (31. Dezember 1938).

was ihm, könnte man sagen, an existentieller Freiheit geblieben ist.[287] Da ist natürlich die tägliche Unterdrückung in diesem »neuen Leben« als Ausgestoßener im Hitler-Regime. Aber da ist auch die – möglicherweise mit Hintergedanken an Dante getroffene – literarische Entscheidung, mit einer Art *Vita nova* in »finsteren Zeiten« dagegen anzuschreiben, zumal ihm für seine gewohnten Recherchen keine Werkzeuge mehr zur Verfügung stehen. Ein solches Unterfangen muss ihm zufolge ebenso unter dem Motto »*In lingua veritas*«[288] stehen wie seine *LTI*-Analysen; und so stellt er sich mit der existentiellen Entscheidung, so lange es seine Kräfte erlauben, von der Zeit, die er durchlebt, Zeugnis abzulegen, zumindest zwei Herausforderungen. Als Philologe versteht Klemperer den Ausdruck »*In lingua veritas*« sozusagen als Spracharzt. Es wird die Lektion des 1947 veröffentlichten *LTI* sein, eine Symptomatologie für diese eisige »Sprache des Dritten Reiches« zu entwerfen – eine Sprache, die er Tag für Tag zwischen all den Alltagsphänomenen und eigenen Empfindungen beobachtet und in seiner *Vita* festhält. Hoffnung in die Sprache zu setzen erfordert, Klemperer zufolge, zu zeigen, wie sich die *Wahrheit* der totalitären Sprache über ihre konstitutive Hochstapelei hinaus offenbart: in der Wahl ihrer Syntagma, in den grammatischen Funktionen, in der Verleugnung ihrer eigenen Symptome.

Die andere Herausforderung ist mehr literarischer Natur, auch wenn sich das Resultat niemals in diesem Sinne präsentieren wird. Das Vorhaben »Zeugnis ablegen bis zum letzten« setzt insofern Hoffnung in die Sprache, als diese in der Lage sein muss, die *Wahrheit* zu offenbaren – wie lückenhaft, begrenzt oder »emotional« auch die vom Zeugen geäußerten Worte sein mögen. In jenem aber muss der

287 Klemperer beginnt zu diesem Zeitpunkt, auf der Grundlage von alten Tagebucheinträgen und anderem Material an seinem *Curriculum Vitae. Erinnerungen 1881–1918* zu schreiben. In seinen Tagebucheinträgen verwendet er meist für diese Arbeit die Bezeichnung »Curriculum«. A. d. Ü.
288 Ebd., Bd. I, S. 345 (25. April 1937).

Wunsch zu bezeugen existieren, der Wunsch, zu beobachten, zu begreifen und festzuhalten, was er selbst verspürt, sowie eine *Pflicht zu bezeugen*, d. h. zu beobachten, zu analysieren und zu erläutern, was in der Welt um ihn herum geschieht. »Natürlich bin ich nun leidenschaftlich mit Gedanken an das Weiterschreiben erfüllt [...].«[289] Unmittelbar nach seinem erzwungenen Umzug ins »Judenhaus« schreibt Klemperer: »An diesen Notizen mitten im Chaos und öden Herumstehen habe ich ein klein bißchen Kraft zurückgewonnen.«[290] »[...] ich würde ja ganz untergehen, wenn ich nicht ein bißchen weitermuddelte.«[291] »Ich halte mich am Curriculum fest. Ich vergrabe mich darin [...].«[292]

Aber ist nicht das Sich-Vergraben, wenn man Gefangener ist, auch eine Art Flucht? Stellen nicht die unruhigen Zeilen des *Tagebuch*s ebenso viele unterirdische Gänge dar, um psychisch und physisch aus dem Kerker zu flüchten, in dem Klemperer ein unschuldiger Gefangener ist? Hier sollte man an jene nervenaufreibende Woche im Gefängnis erinnern, die Klemperer zwischen dem 23. Juni und dem 1. Juli 1941 als Strafe dafür verbüßen musste, dass er einige Monate zuvor vergessen hatte, während der befohlenen Verdunkelung ein Fenster in seiner Unterkunft abzudichten. Ein langer Bericht vom 20. Juli mit dem Titel »Zelle 89« unterbricht das *Tagebuch*, um mit äußerster Genauigkeit die Tatsachen sowie die extreme emotionale Anspannung darzulegen, unter der er dort stand.

Man hat ihm, wie es die Gefängnisregel vorschreibt, alles abgenommen. Seines Gürtels beraubt, muss er ständig seine Hose festhalten: »meine Hosen rutschen, meine

289 Ebd., Bd. I, S. 463 (6. März 1939). [Das »natürlich« bezieht sich auf den Beifall seiner Frau und einer Bekannten für den Anfang seiner Memoiren. A. d. Ü.]

290 Ebd., Bd. I, S. 531 (26. Mai 1940).

291 Ebd., Bd. I, S. 534 (23. Juni 1940). [Mit »weitermuddeln« ist weiterschreiben im Sinne von vor sich hin werkeln gemeint. A. d. Ü.]

292 Ebd., Bd. I, S. 588 (14. April 1941).

Hosen rutschen. Was hilft alles Philosophieren über die Unantastbarkeit der inneren Ehre?«[293] Er bittet darum, dass man ihm seine Brille und die Bücher, die er bei sich hatte, zurückgebe: »Beide Hoffnungen haben mich enttäuscht, aber beide haben ein Weilchen vorgehalten und so über den Anfang fortgeholfen.«[294] Fünfmal wiederholt er seine Bitte. Zur Strafe untersucht man ihn, nimmt Fingerabdrücke und legt eine Akte für die Verbrecherkartei an. Damit er das Protokoll unterschreiben kann, leiht ihm der eine Beamte in Zivil »[...] seine Brille, die mir wenig half, und tröstete, die meine bekäme ich sicher bald zurück.«[295] »Am Montag nach dem Essen, als zum erstenmal der Napf herausgestellt und der Wasserkrug hereingenommen war, als die erste Nacht bei hellichtem Tage für mich begonnen hatte, stieg die bis dahin verdrängte Verzweiflung hoch. Jetzt war ich schon eine Endlosigkeit hier, eine wirkliche Endlosigkeit. Das läßt sich ja nicht beschreiben. Womit denn? Wiedergeben kann man, was geschehen ist, das kleinste Ereignis, den kleinsten Gedanken. Aber die Endlosigkeit besteht in dem, was dazwischen liegt, in dem bloßen Gefühl des Käfigs und der Leere, in dem Nichts der vier Schritte zum Fenster und der vier Schritte zur Tür, in der bewußten Abgestorbenheit.«[296]

Er wundert sich: »Warum kann ich mich hier nicht mit [unbedeutender geistiger Tätigkeit] befassen ... Weil ich hier bin, weil ich an den verfluchten Käfig stoße [...].«[297] Er versucht sich aufzuraffen: »Denken – woran? Einerlei. [...] Das erste, was vor mir stand, war wieder ein alter Witz. Der fromme Landstreicher singt in seiner Zelle: ›Bis hierher hat mich Gott geführt in seiner großen Gnade.‹ Der Witz hielt mich fest, gegen meinen Willen und um so fester.«[298] Es ist,

293 Ebd., Bd. I, S. 608 (Zelle 89).
294 Ebd., Bd. I, S. 611.
295 Ebd., Bd. I, S. 612.
296 Ebd., Bd. I, S. 615.
297 Ebd., Bd. I, S. 627.
298 Ebd., Bd. I, S. 628.

als tauchten von tief unten nur die Bruchstücke einer Kultur auf, von der sich Klemperer in der Vergangenheit bereits gelöst zu haben glaubte.

Schließlich tritt wie aus dem Nichts (ähnlich wie in Kafkas Erzählungen) ein Wachtmeister in Erscheinung. Er hatte wohl auf einem Formular gelesen, dass der Gefangene ein Universitätsprofessor ist. Er fragt ihn nach dem Grund der Gefängnisstrafe. »›Verdunklung.‹ – ›Da haben Sie als zerstreuter Professor vorher ein halbes dutzend Mal Strafe zahlen müssen?‹ – ›Nein, nie, es war das erste Versehen nach anderthalb Jahren.‹ – ›Nicht möglich.‹ Pause. ›Ach, Sie sind wohl Nichtarier?‹ [...] Ich nutzte spontan die Chance: ›Herr Wachtmeister [...]. Man hat mir Buch und Brille weggenommen. Aber wenn ich nur einen Bleistift und ein bißchen Papier hätte.‹ – ›Sie sollen doch über Ihre Sünden nachdenken‹, sagte er lachend. Dann holte er ein Bleistiftchen aus der Tasche hervor und besah es. ›Ich will es noch spitzen und ein Blatt Papier dazutun.‹ Wirklich brachte er beides gleich darauf. Im gleichen Augenblick war meine Welt ebensostark verändert wie neulich, als die Gefängnistür zuschlug. Alles war wieder lichter, ja fast schon licht geworden.«[299]

Hier zeigt sich der Schriftsteller in seiner einfachsten, kindlichsten Leidenschaft: Es reicht ihm ein Bleistiftende und ein Blatt Papier, damit die Welt – freilich nur vergleichsweise – heller wird; und es öffnen sich Passagen – trotz gepanzerter Türen, Betonmauern und der Unterjochung durch Gefängnis und Polizei. Der Häftling war in seiner Zelle fast zur Unbeweglichkeit verdammt. Aber Stifte können übers Papier reisen, Worte in die Ferne schweifen, Gedanken Fahrt aufnehmen und Phantasien zu Sehnsuchtsorten fliegen. »Erst am spätern Nachmittag holte ich den Bleistift hervor – meine erste Notiz, pathetischer und länger als alle folgenden lautete: An meinem Bleistift klettere ich aus der Hölle der letzten vier Tage zur Erde zurück. Nachher beschränkte ich

299 Ebd., Bd. I, S. 636 f.

mich auf Einzelworte. Das vom Wachtmeister geschenkte weiße Blatt hielt nur den Freitag über vor. Dann nahm ich von dem vorhandenen Klosettpapier; es war dünn und gelb und trank die Bleischrift bis zur (mindestens provisorischen) Unleserlichkeit ein. [...] Das war wohl das Beste an meinem Bleistift, daß das Wissen um sein Vorhandensein mir das krampfhafte Suchen nach Gedanken ersparte. [...] Der Bleistift hatte mich wirklich von Grund aus verändert. [...] Aus der Hölle war ich wohl an meinem Bleistift hochgeklettert – aber doch nicht bis zur richtigen Erde, nur bis zum Limbo.«[300]

Das ist ein wenig so, als wäre für den Gefangenen in seiner Zelle das Blatt Papier zu einem magischen Gegenstand, zu einem fliegenden Teppich – als wäre der alte Philologie-Professor, der an seinem Bleistift hochklettert, zu einer Art Alice im Terrorland geworden. Weist das kindliche Element dieser Bilder – der aus einem Bleistift gefertigte Zeiger verkündet auf der »Hoffnungsuhr« den Zeitpunkt zur Flucht – nicht darauf hin, dass hier psychische Regression und psychische Rettung miteinander Hand in Hand gehen? Es ist paradox, dass das *Verlangen, Zeugnis abzulegen,* bei Klemperer regelmäßig an Momente der Flucht aus der Realität geknüpft ist, damit das Schreiben, auch wenn es sich der peinlichsten Genauigkeit verschrieben hat, seinen eigenen Raum finden kann, den Raum der *Einbildungskraft*. Um von der Realität, die er erlitt, Zeugnis ablegen zu können, durfte Klemperer auf keinen Fall »den Kopf verlieren«; aber er musste dafür entsprechend in einer Zeit und einem Raum Zuflucht finden, die man als utopisch bezeichnen könnte: »Studieren, als wäre ich des Morgen ganz gewiß! Es ist die einzige Möglichkeit, den Kopf oben zu behalten.«[301]

Schreiben war also für Klemperer konkrete Utopie. Aber das bedeutet auch, dass das Verlangen, dem sie entsprang, unablässig bedroht war – hier von der Angst, dort von dem

300 Ebd., Bd. I, S. 638, 640 f.
301 Ebd., Bd. II, S. 214 (19. August 1942).

Gefühl, dass all dies ohnehin keinen Sinn, keinen Nutzen habe: »Immer das gleich Auf und Ab. Die Angst, meine Schreiberei könnte mich ins Konzentrationslager bringen. Das Gefühl der Pflicht zu schreiben, es ist meine Lebensaufgabe, mein Beruf. Das Gefühl der Vanitas vanitatum, des Unwertes meiner Schreiberei. Zum Schluß schreibe ich doch weiter [...].«[302] Die Angst – wie sollte sie hier nicht allgegenwärtig sein? – hält sich also mit der Beharrlichkeit des Verlangens die Waage. Klemperer füllt Seite um Seite, muss aber auch viel davon vernichten oder eben für den Fall einer Hausdurchsuchung das Geschriebene zwischen bedeutungslosen Büchern verstecken.[303] Einer seiner dringlichsten Wünsche: »Nicht Angst haben vor jedem Klingeln!«[304]

Der Angst entgegen treten *immer* das Verlangen und *häufig* die Beharrlichkeit. Dazwischen treibt, wenn man das so sagen darf, der Mut sein Unwesen. »Aber ich schreibe weiter. Das ist mein Heldentum. Ich will Zeugnis ablegen, und exaktes Zeugnis!«[305] »Ich will durchaus bis zum letzten Augenblick so leben und *so arbeiten*, als hätte ich die Gewißheit des Überlebens. Je n'en ai qu'un trés faible espoir [Ich habe diesbezüglich nur sehr wenig Hoffnung].«[306] Es erfordert Mut, die Notizblätter zu *Der Mythus des 20. Jahrhunderts*, die bei der Hausdurchsuchung im Mai 1942 von der Gestapo zerrissen wurden, wieder neu zu schreiben.[307] Es erfordert Mut, die »Tränenströme« und die Aussagen jener Frau zu beschreiben, die ihm sein Leid klagt und die Bitte hinzufügt: »Sie müssen das aufschreiben!« Er schreibt es nieder und fügt für sich hinzu: »Und dann komme ich mir mutig vor, daß ich alles zu notieren wage.«[308]

302 Ebd., Bd. II, S. 19 (8. Februar 1942).
303 Vgl. ebd., Bd. II, S. 26 (17. Februar 1942).
304 Ebd., Bd. II, S. 81 (8. Mai 1942).
305 Ebd., Bd. II, S. 99 (27. Mai 1942).
306 Ebd., Bd. II, S. 104 (29. Mai 1942).
307 Vgl. ebd., Bd. II, S. 127 (13. Juni 1942).
308 Ebd., Bd. II, S. 181 und S. 183 (26. Juli 1942).

Und so kommt es vor, dass Klemperer quasi im selben Atemzug von der »unausdenkbar gräßlichen« Situation [er könnte selbst jederzeit abgeholt werden] und der damit verbundenen »Todesangst« spricht und gleichzeitig betont: »Und doch vermag ich diese Aufzeichnungen hier nicht zu unterlassen. Tapferkeit? Eitelkeit? Fatalismus? Recht oder unrecht? – Das Seltsamste: All das schüttelt mich immer nur minutenlang: dann schmeckt wieder das Essen, die Lektüre, die Arbeit [...].«[309] »Arbeiten, mich in Arbeit betrinken!«[310]

Auch 1944, nachdem er schon dreizehn Monate in einer Fabrik Zwangsarbeit hat leisten müssen, spricht er weiter davon, dass er die Zeitspanne, in der er nicht arbeiten muss, nutzt, um zu *arbeiten*: »Meine Uhr ist am Ablaufen, ma vue baisse, und der Krieg stagniert. Trotzdem benutze ich [...] die Zeit von halb sieben bis gegen zehn [...] zu intensiver Arbeit.«[311] Sein linkes Auge ist aufgrund eines leichten Schlaganfalls gelähmt und muss mit mattiertem Glas oder, bei der Lesebrille, mit Seidenpapier über dem Glas verdeckt werden: »Wieviel Arbeit werde ich mit einem Auge leisten können? Und wieviel Zeit bleibt mir?«[312]

Der Kreislauf seines gebrechlichen Lebens kommt trotz allem wieder in Gang und vollzieht sich wieder nach dem Muster wie bisher – auch wenn er immer kurz vor dem Zusammenbruch steht: ein Kreislauf von Angst, Verlangen, Mut, Beharrlichkeit und wieder Angst. »Ich will bis zum letzten Augenblick weiter beobachten, notieren, studieren. Angst hilft nichts, und alles ist Schicksal. (Aber natürlich packt mich trotz aller Philosophie doch von Zeit zu Zeit die Angst. So gestern im Keller, als die Amerikaner brummten.)«[313]

309 Ebd., Bd. II, S. 269 (30. Oktober 1942).
310 Ebd., Bd. II, S. 285 (29. November 1942).
311 Ebd., Bd. II, S. 510 (2. Mai 1944).
312 Ebd., Bd. II, S. 512 (6. Mai 1944).
313 Ebd., Bd. II, S. 550 (21. Juli 1944).

Auf der Suche nach der hoffnungsfrohen Zeit

»[...] un très faible espoir [eine sehr schwache Hoffnung]« schrieb Victor Klemperer am 29. Mai 1942 auf Französisch in sein *Tagebuch*. *Sehr schwach*, zweifellos, denn das, wovon der Chronist Zeugnis ablegen will, ist eben eine Zeit, der zu entkommen er keine Möglichkeit sieht und die täglich für ihn eine tödliche Gefahr darstellt. Gleichwohl *Hoffnung*, denn die verschriftlichte Chronik birgt in sich ihre kleine Chance zu überleben – und sei es den Chronisten selbst; sie kann andernorts weitergereicht werden, kann Bedeutung erlangen für andere oder für einen unbestimmten Gerichtstag. Auch wenn Hoffnung nur ein Gefühl ist, hindert sie das nicht daran, mitunter die Form einer tatkräftigen und zugleich vernünftigen Wette anzunehmen (tatkräftig mit Blick auf die Organisation dessen, was diese Hoffnung benötigt, insbesondere die Ausschleusung der Manuskriptseiten zu ihrem Versteck, damit sie der Zerstörung entrinnen; vernünftig mit Blick auf die Hoffnung, dass der Inhalt des *Tagebuchs* in ferneren Zeiten ein dokumentarisches Werkzeug abgeben könnte, um zu begreifen, wie die totalitäre Maschinerie strukturiert war und funktionierte).

Hoffnung ist das Herzstück all der Geschichtsphilosophien, die von jüdischen Schriftstellern und Denkern jener Zeit ausgearbeitet wurden.[314] Der Ausdruck »*sehr schwache Hoffnung*« erinnert, so wie Klemperer ihn gebraucht, ins-

314 Vgl. Michael Löwy, *Erlösung und Utopie. Jüdischer Messianismus und libertäres Denken: eine Wahlverwandtschaft*. Aus dem Französischen von Dieter Kurz und Heidrun Töpfer. Hamburg: Europäische Verlagsanstalt 2021 (Neuauflage) [Original 1988]. – Stéphane Mosès, *Der Engel der Geschichte. Rosenzweig, Benjamin, Scholem*. Frankfurt a. M.: Jüdischer Verlag 1994 [Original 1992]. – Pierre Bouretz, *Témoins du futur. Philosophie*

besondere an eine sehr ähnliche Formulierung, die Walter Benjamin 1940 in seinen Thesen »Über den Begriff der Geschichte« verwendete: Jeder Generation sei »eine schwache messianische Kraft mitgegeben«; die »Tradition der Unterdrückten« erfordere jedoch einen anderen Begriff der Geschichte, damit sich die »kleine Pforte« öffne, durch die jede Sekunde der vergehenden Zeit die Hoffnung auf Zukunft hindurchgehe.[315] Benjamin sprach in diesem Zusammenhang vom Geschichtsschreiber als demjenigen, der nicht nur über Tatsachen berichten kann, sondern der zudem dazu in der Lage ist, »im Vergangenen den Funken der Hoffnung anzufachen [...]« – nicht weniger.[316] Der »Mut zur Wahrheit« des Historikers bestünde demnach in der Fähigkeit, die in den Fakten enthaltenen *Möglichkeiten* zu *erahnen*: d. h. die *Symptome* zu erkennen, jene paradoxen Ereignisse, die zugleich Träger einer verschütteten Erinnerung wie auch einer Zukunft sind, die Gestalt anzunehmen versucht.

Genau deshalb war es in Klemperers Augen so wichtig, trotz allem an seiner »*sehr schwachen Hoffnung*« festzuhalten. Und genau deshalb war es so notwendig, den unzähligen Kleinigkeiten, die er in sein *Tagebuch* notiert, gerecht zu werden: Es handelt sich um Symptome, d. h. um die denkbar wertvollsten Quellen einer aus der offiziellen Geschichtsschreibung verdrängten Erinnerung. Es handelt sich aber auch um Beweise für den Wunsch, an irgendeiner Zukunft, einer *möglichen zukünftigen Entwicklung* mitzuwirken. »Ich höre immer auf ›Symptome‹«, schreibt Klemperer zu Beginn seiner Chronik.[317] Dies ist mithin die methodologische – und, wenn man

et mesianisme. Paris: Gallimard 2003. – Georges Didi-Huberman, *Imaginer recommencer. Ce qui nous soulève*. Bd. 2, Paris: Les Éditions de Minuit 2021.

315 Walter Benjamin, »Über den Begriff der Geschichte«, in: *Gesammelte Werke*. Hg. von Hermann Schweppenhäuser und Rolf Tiedemann. Band I/2. Frankfurt a. M.: Suhrkamp 1991, S. 694, S. 697 und S. 704.

316 Ebd., S. 695.

317 Victor Klemperer, *Ich will Zeugnis ablegen bis zum letzten*, a. a. O., Bd. I, S. 22 (12. April 1933).

an Benjamin denkt, sogar die philosophische – Prämisse seines Mottos »In lingua veritas«. Beim Lesen seines *Tagebuch* könnte man sagen: Je schwächer die Hoffnung, desto stärker wird der Wunsch, alles Vertrauen in dieses Motto zu setzen. So schreibt er beispielsweise: »Ich muß mich an das Buch klammern; [...] es ist wie im Unterstand: Denkt man immerfort an den nächsten Einschlag, so wird man verrückt.«[318] Die Hoffnung für andere – die Hoffnung, dass etwas von einer solchen Erfahrung weitergegeben wird – ist mithin gleichzeitig Schutz für die eigene Person, wenn auch ein sehr fragiler und provisorischer: indem man an den nächsten, noch zu schreibenden Absatz denkt, ängstigt man sich etwas weniger um die nächste Maßnahme der totalitären Verfolgung.

Mit Recht spricht man im Zusammenhang mit Hoffnung vom *Lichtblick*. Wir hätten es gern, dass uns der Hoffnungsstrahl helleres und stärkeres Licht brächte, aber häufig müssen wir uns mit einem Lichtblick oder sogar nur mit einem schwachen Hoffnungsschimmer begnügen. Denn die Hoffnung ist in einer Situation wie der Klemperers nichts anderes als eine Lücke, ein Spalt oder ein einfacher Riss zwischen zwei eisigen Räumen der Verzweiflung. »Ich bringe in meiner Herzstumpfheit kein Gefühl auf. Nur immer: ›Es fallen so viele rings um mich, und *ich* lebe noch. Vielleicht ist es mir doch vergönnt, zu überleben und Zeugnis abzulegen.‹«[319] Doch auch wenn der Philologe eindrücklich beschreibt, wie das vor Verzweiflung Erstarren in »Herzensstumpfheit« übergeht, so tauchen die Hoffnung und der brennende Wunsch, Zeugnis ablegen zu können, gleichwohl ebenfalls auf. Infolgedessen wird das Verhalten immer auf das Gleiche hinauslaufen – auf den Versuch, die *Gelegenheiten*, den Hoffnungsspalt des Schreibens, *zu vervielfachen*: »Über alles hinwegarbeiten.«[320]

318 Ebd., Bd. I, S. 208 (21. Juli 1935).
319 Ebd., Bd. II, S. 255 (9. Oktober 1942).
320 Ebd., Bd. II, S. 258 (16. Oktober 1942).

Aber lebt man allein von Hoffnungsschimmern? Hartnäckige Arbeit rettet vor der unmittelbaren Angst, erhält am Leben in dieser Zeit der Qualen. Aber ist dieses »Am-Bleistift«-Entlangklettern nicht schlichte Realitätsflucht oder sogar äußerst unverantwortlich gegenüber seiner Umgebung angesichts der damit verbundenen Gefahr? »Morgen will Eva wieder einmal nach Pirna [um die Manuskriptseiten seines *Tagebuchs* dort zu verstecken] [...]. Ist es recht, daß ich Eva damit belaste? Es würde im Notfall fraglos ihr Leben genauso kosten wie meines. Man stirbt jetzt um geringerer Sachen willen. Ich frage mich immer wieder, ob ich recht tue.«[321] Diese Hoffnung trägt also den Zweifel in besonderem Maße in sich. Er bezeichnet den Ort, der sehr viel mehr Raum einnimmt als die Hoffnung und an dem sich alles als nichtig erweisen kann. In den Augen des Lesers zeugt daher die Hartnäckigkeit, mit der das *Tagebuch* geschrieben wurde, von einem um so beeindruckenderen Mut, als der Autor, immer von Zweifel angefressen, niemals seiner sicher war.

Zudem muss man sich klarmachen, in welchem Maße die Machtübernahme durch die Nazis für Klemperer – wie für viele andere seiner Mitmenschen – praktisch, politisch und geistig den Zusammenbruch einer Welt bedeutete. Das betraf an erster Stelle sein Verhältnis zur deutschen Nation. »[...] daß die Erkenntnisse, die ich für sicher hielt und auf denen sich meine Lebensarbeit im wesentlichen aufbaute, nun gänzlich zusammenbrechen. Seit Jahren ist mein Begriff von Deutschland hin [...].«[322] Den wohlmeinenden Seelen, die ihm sagen: »Sie müßten Jude sein, Sie müßten Juden unterrichten, man würde Sie in Jerusalem aufnehmen, dort wäre Ihr Platz«, antwortet der Philologe: »Ich [bin] nur Deutscher, ich könnte nicht anders; [...] Und wenn ich auch Deutschland haßte, ich würde deshalb nicht undeutsch

321 Ebd., Bd. II, S. 260 f. (23. Oktober 1942).

322 Ebd., Bd. I, S. 539 (9. Juli 1940).

[…].«[323] Alle Gewissheiten – oder alle Identifikationen – von einst sind ins Wanken geraten, denn aus dem Deutschen Klemperer wurde nicht ein »deutscher Jude«, sondern schlicht ein »Nichtarier«: ein Ausgestoßener, vom Vaterland Ausgebürgerter, und dies, obwohl er im Ersten Weltkrieg unter Einsatz seines Lebens für es gekämpft hatte.

Jude in diesem Deutschland zu sein kehrte daher für Klemperer existentiell wie intellektuell das Unterste zuoberst. Im *Tagebuch* stößt man auf eine aufschlussreiche Stelle, die später auch im *LTI* aufgegriffen wird. Sie stammt von Julius Bab, einem Dramaturgen und Kritiker, der seine eigenen Gefühle, ein deutscher Jude oder ein jüdischer Deutscher zu sein, in einem Gedicht mit der Akzentsetzung eines Shylock zum Ausdruck bringt: »Und liebst Du Deutschland? Frage ohne Sinn! / Kann ich mein Haar, mein Blut, mich selber lieben? / […] Viel wahllos tiefer bin ich mir verschrieben / Und diesem Land, das ich, ich selber bin.«[324] Dass der Nationalsozialismus als die »giftigste Konsequenz« der deutschen Romantik und damit als eine »spezifisch deutsche Angelegenheit« angesehen werden kann, bedeutet in Klemperers Augen keine Schuldzuweisung an die Romantik.[325] Die gleiche Argumentation findet sich im *LTI* mit Blick auf den Expressionismus: »Nein, ich habe kein Zutrauen zu rein ästhetischen Betrachtungen auf den Gebieten der Geistes-, der Literatur-, der Kunst-, der Sprachgeschichte. Man muß von menschlichen Grundhaltungen ausgehen; die sinnlichen Ausdrucksmittel können bisweilen bei ganz konträren Zielen die gleichen sein. Gerade auf den Expressionismus trifft das zu: Toller, den der Nationalsozialismus getötet hat, und Johst, der im Dritten Reich Akademiepräsident wurde, gehören beide zum Expressionismus.«[326]

323 Ebd., Bd. II, S. 147 f. (28. Juni 1942).
324 Ebd., Bd. II, S. 416 (8. August 1943).
325 Ebd., Bd. II, S. 576 (5. September 1944).
326 Victor Klemperer, *LTI*, a. a. O., S. 81.

Klemperer gehörte zu jenen »Widerständlern gegen die totalitäre Sprache« – wie auch George Orwell, Dolf Sternberger oder Aleksander Wat –, die niemals aufhörten, *Hoffnung in die Sprache*, genauer gesagt: in ihre eigene Muttersprache zu setzen.[327] Denn auf die eigene Sprache zu hoffen bedeutet, sie gegen ihren totalitären Gebrauch und die untrennbar damit verknüpften Praktiken politischer Unterdrückung zu verteidigen. Klemperer stimmt in diesem Punkt voll und ganz mit den Schlussfolgerungen eines Ernst Cassirer überein, der in seinem Werk *Vom Mythus des Staates* darauf hinwies, dass es unablässig notwendig sei, einen *aufgeklärten Kampf* gegen solche Verwendungen zu führen: »Als wir zuerst die politischen Mythen hörten, fanden wir sie so absurd und unangemessen, so phantastisch und lächerlich, daß wir kaum dazu vermocht werden konnten, sie ernst zu nehmen. Jetzt ist es uns allen klar geworden, daß dies ein großer Fehler war. Wir sollten denselben Irrtum nicht ein zweites Mal begehen. Wir sollten den Ursprung, die Struktur, die Methoden und die Technik der politischen Mythen sorgfältig studieren. Wir sollten dem Gegner ins Angesicht sehen, um zu wissen, wie er zu bekämpfen ist.«[328]

Man hat Klemperer manchmal mit Hannah Arendt und Walter Benjamin, ja sogar mit Gershom Scholem und Elias Canetti in Zusammenhang gebracht.[329] In Bezug auf Hannah Arendt ist die gedankliche Nähe offensichtlich, und zwar aus mindestens fünf Gründen, die fünf Dimensionen oder Aspekten ihres jeweiligen Denkens entsprechen. Die erste Dimension betrifft die *Analyse des Totalitarismus*: Die

327 Vgl. Jacques Dewitte, *Le Pouvoir de la langue et la liberté de l'esprit. Essai sur la résistance au langage totalitaire*. Paris: Michalon Éditeur 2020.
328 Ernst Cassirer, *Vom Mythus des Staates*. Hamburg: Felix Meiner Verlag 2002, S. 388.
329 Vgl. Olivier Remaud, »La langue des temps sombres: Canetti, Klemperer, Benjamin«, in: *Diogène*, Nr. 189, 2000, S. 14–29. – Steven E. Aschheim, *Scholem, Arendt, Klemperer: deutsch-jüdische Identität in Krisenzeiten*. Übersetzt von Eike Dunkhase. Hamburg: Europäische Verlagsanstalt 2023.

Analyse, die Klemperer tagtäglich inmitten der nationalsozialistischen Gesellschaft durchgeführt hat, scheint oftmals das gewichtige Werk vorwegzunehmen, das Arendt zwischen 1951 und 1966 unter dem Titel *Elemente und Ursprünge totaler Herrschaft* immer wieder neu in Angriff nahm. Es genügt, mit Arendt daran zu erinnern, wie totalitäre Staaten sich darum bemühten, die »staatenlosen Gruppen zu vermehren«[330] und ihre eigenen »kolonialen Unterdrückungsmethoden« in Europa«[331] einzuführen; oder an die grundlegende Rolle, die Propaganda bei der Organisation des Terrors spielt, die strukturell dem bürokratischen Apparat innewohnt.[332]

Die zweite Dimension dieser miteinander übereinstimmenden Analysen ließe sich als eine *Phänomenologie der Ruchlosigkeit* bezeichnen, die Klemperer gerade in seinen detailliertesten Beschreibungen entwickelt hat. Für denjenigen, der unter »totaler Herrschaft« steht, wie Arendt sie analysiert, gibt es, so könnte man sagen, *kein Dennoch* und folglich *keine Welt*, da der gesamte menschliche Raum dem ausgeliefert ist, was sie am Ende ihres Buches im Unterschied zur Einsamkeit als »Verlassenheit« jedes Einzelnen im »Ganzen« des Staatsapparates bezeichnet. »Der äußere Zwang des Terrors vernichtet mit der Zerstörung des Raums der Freiheit alle Beziehungen *zwischen* Menschen; zusammengepreßt mit allen anderen ist ein jeder ganz und gar von allen anderen isoliert. [...] ein Mensch allein oder eine Gruppe von Menschen, denen die Möglichkeit des Handelns genommen ist, ist immer ohnmächtig [...].«[333] Entsprechend ist es eine der ersten Sorgen der Tyrannis [die nicht gleichbedeutend mit dem totalitären Regime ist], Einsamkeit entstehen zu lassen. »Verlassenheit und Ein-

330 Hannah Arendt, *Elemente und Ursprünge totaler Herrschaft*. Frankfurt: Europäische Verlagsanstalt 1955, S. 405.

331 Ebd., S. 410.

332 Vgl. ebd., S. 508–538.

333 Ebd., S. 692 und S. 694.

samkeit sind nicht dasselbe […]«.[334] Während man in der Einsamkeit nie ganz allein sei, sondern dialogisch mit der Außenwelt in Beziehung stehe, könne der Mensch in der Verlassenheit seine Identität nicht mehr aufrechterhalten, »Selbst und Welt, und das heißt echte Denkfähigkeit und echte Erfahrungsfähigkeit« gehen zugleich zugrunde.[335] Man könnte also sagen, dass sich Klemperer eine *Einsamkeit* schuf – die ihm die Freiheit bot zu denken und, wie Arendt sagt, etwas Entscheidendes zu beginnen –, damit er der *Verlassenheit*, die ihm die ruchlose tyrannische Umgebung ansonsten auferlegte, Paroli bieten konnte.

Ein dritter Aspekt dieser Auseinandersetzungen mit dem Totalitarismus betrifft die Rolle der Emotionen. Man kann sich dem Nazi-Regime nicht mit Rationalität allein widersetzen. Was Klemperers *Tagebuch* auf jeder Seite deutlich macht und was auch Hannah Arendt fordert, ist, dass man sich hier *mit Vernunft und Zorn erheben* oder aufgrund seiner Vernunft in heftigen Zorn geraten muss. Das war vor allem der Sinn der »Antwort auf Eric Voegelin«, die Arendt 1953 veröffentlichte und in der man Elementen einer *emotional fundierten*, ja sogar leidenschaftlichen – weil auf ethischer und politischer Empörung basierten – *Kritik* totalitärer Phänomene begegnet: »Die natürliche menschliche Reaktion hierauf [auf übermäßige Armut in einer reichen Gesellschaft] ist eine des Ärgers und der Entrüstung, weil diese Bedingungen die Menschenwürde verletzen. Wenn ich nun diese Bedingungen beschreibe, ohne meiner Entrüstung zu erlauben, sich einzumischen, habe ich dieses besondere Phänomen aus seinem Zusammenhang in der menschlichen Gesellschaft herausgehoben und ihm dabei einen Teil seiner Natur gestohlen […]. Die Konzentrationslager ›sine ira‹ zu beschreiben heißt nicht ›objektiv‹ zu sein, sondern sie zu entschuldigen […]. In diesem Sinne denke ich, daß

334 Ebd., S. 697.
335 Ebd., S. 698.

eine Beschreibung der Lager als irdischer Hölle ›objektiver‹, das heißt deren Wesen adäquater, ist als Behauptungen rein soziologischer und psychologischer Natur.«[336]

Es gibt noch einen vierten Punkt des gemeinsamen geistigen Widerstandes gegen den Totalitarismus: Er betrifft das, was ich als *Hoffnung in die Sprache setzen* bezeichnete. Während dieser Aspekt bei Klemperer allgegenwärtig ist, nimmt er bei Arendt geschmeidigere Formen an – vor allem auch, weil sie zugleich auf Englisch, in ihrer Exilsprache schreibt; letztlich drückt sie sich aber eindeutig im Jahr 1964 in einem Interview mit Günter Gaus aus, das den Titel trägt: »Was bleibt? Es bleibt die Muttersprache«.[337]

Die letzte Dimension ist das Resultat oder vielmehr die Grundlage all der anderen. Man könnte sie als die *Humanität der Aufklärung* bezeichnen. Sie wird auf exemplarische Weise in dem berühmten Vortrag Hannah Arendts deutlich, den diese anlässlich der Verleihung des Lessing-Preises in Hamburg 1956 hält. Von Anfang an findet sich darin die Hoffnung auf die Sprache, aber sie ist auch mit dem Motiv der Emotion verbunden. Was macht einen Schriftsteller im weitesten Sinne des Wortes aus? Arendt weiß darauf mit dem Lessing-Zitat zu antworten: »Was ihn bewegt, bewegt.«[338]

Dieser Satz ist keineswegs tautologisch. Eine größere Humanität kommt dem Dichter nicht deshalb zu, weil er

336 Hannah Arendt, »Eine Antwort«, in: dies., *Über den Totalitarismus.* Texte Hannah Arendts aus den Jahren 1951 und 1953. Aus dem Englischen von Ursula Ludz, kommentiert von Ingeborg Nordmann. Hg. vom Hannah-Arendt-Institut für Totalitarismusforschung e. V. Dresden 1998, S. 44 f.

337 Hannah Arendt im Gespräch mit Günter Gaus, »Was bleibt? Es bleibt die Muttersprache«, im: Rundfunk Berlin Brandenburg (rbb), Sendung vom 28. 10. 1964, zu sehen auf youtube: https://www.youtube.com/watch?v=J9SyTEUi6Kw vom 26. 6. 2024.

338 Hannah Arendt, »Von der Menschlichkeit in finsteren Zeiten.« In: *Rede anläßlich der Verleihung des Lessing-Preises 1959.* Hg. Von Sabine Groenewald. Hamburg: Europäische Verlagsanstalt 1999, S. 8.

bewegt ist (denn das ist aus den unterschiedlichsten Gründen und mit den unterschiedlichsten Folgen alle Welt, im Guten wie im Schlechten). Aber sie kommt ihm zu, weil er, da er *bewegt* ist, *über sich hinaus andere bewegt*. Seine Gefühle sind insofern nichts Persönliches mehr: Sie betreffen, einmal schriftlich fixiert – und zwar gut geschrieben, offen, durchdacht –, jeden. Es ist bemerkenswert, dass Arendt dieses Thema unmittelbar mit der Situation des Denkers in Verbindung bringt, der »[i]n unserem Jahrhundert [...] sich nur im Widerspruch und Streit mit der Welt und ihrer Öffentlichkeit«[339] entfalten kann – was uns sofort an Klemperer denken lässt. Manches Mal – und vor allem in Zeiten von Tyrannei – müsse man, um frei sein zu können, einen »Rückzug aus der Welt« antreten, der, im Sinne eines Nachdenkens über die Welt, »auf Umwegen wieder der Welt zugute kommen« könne.[340] »Lessing zog sich auf das Denken zurück, aber ganz und gar nicht auf sein Selbst [...]«,[341] um sich damit seine Denk-, Handlungs- und Bewegungsfreiheit zu erhalten. Sein Rückzug habe seine Position eines Einzelgängers geschützt, zugleich sei sein Denken als solidarische Geste [im Sinne eines »vorweggenommenen Sprechens mit andern«][342] hervorgetreten, womit Arendt einen Bogen von dem kritischen Rückzug zu einer bestimmten Ethik nicht der »Brüderlichkeit«, sondern der »Freundschaft« unter den Menschen, insbesondere wenn sie unterdrückt werden, schlägt – was genau mit der Situation zusammenpasst, in der Klemperer sein *Tagebuch* schreibt.[343]

Was dort beschrieben wird, ist nichts Geringeres als die Auseinandersetzung des Menschlichen mit dem Unmenschlichen. Nun basiert laut Arendt diese Beziehung auf zwei grundlegenden anthropologischen Fähigkeiten. Die erste

339 Ebd., S. 9.
340 Ebd.
341 Ebd., S. 17 f.
342 Ebd., S. 18 f.
343 Ebd., S. 23 sowie S. 42 ff.

ist die *Sprache*, die es erlaubt, mit dieser »Unmenschlichkeit« zu brechen, »die dem Begriff der einen Wahrheit anhaftet«, jener Unmenschlichkeit, die der Totalitarismus dann politische Realität werden lässt.[344] Und so beendet Arendt ihre Lobrede auf Lessing, indem sie schreibt, ihm sei es »einzig darum [gegangen], durch das unaufhörliche und immer wieder entfachte Sprechen über die Welt und die Dinge der Welt auch das Unmenschliche noch zu vermenschlichen.«[345] Ein *immer wieder entfachtes Sprechen*: d. h. eine Sprache, die immer neu Fragen aufwirft, nicht verschlossen ist, keine Parolen ausgibt und sich nicht im Besitz der »einen Wahrheit« glaubt. Die andere Fähigkeit, auf die sich Arendt beruft, ist die *Einbildungskraft*, was vor allem auf ihr Werk über Kant verweist, das nach ihrem Tod unvollendet blieb.[346] Doch selbst wenn die Einbildungskraft etwas dauernd wieder durchgeht, sortiert sie neu, verschiebt Inhalte und produziert ein *Denken*, das dank ihrer neuen Konfigurationen stets *immer wieder entfacht* wird. Ist es nicht das, worauf man beim Lesen von Klemperers *Tagebuch* stößt?

Es ist nicht verwunderlich, dass der Philologe, seines Zeichens Spezialist für das 18. Jahrhundert, unmittelbar aus der Aufklärung eine Lektion in Sachen Hoffnung für sich ziehen wollte: nicht so sehr im Sinne der »Lichter der Hoffnung«, sondern als *Hoffnung in die Aufklärung* – eine Hoffnung, die, an einer Ethik ausgerichtet, als gemeinsame Verwirklichung von Vernunft und Einbildungskraft begriffen wird. Es ist auch kein Zufall, dass im *Tagebuch* aus dem hintersten Winkel der Zelle, in der Klemperer 1941 mit seinem Bleistiftchen und dem Mangel an Papier vor sich hin dämmerte, die Gestalt Immanuel Kants – genauer gesagt: die Erinnerung an seine Statue vor der Königsberger Uni-

344 Ebd., S. 48.

345 Ebd., S. 53.

346 Vgl. Hannah Arendt, *Das Urteilen. Texte zu Kants politischer Philosophie*. München: Piper 1985.

versität – auftauchte.[347] Ebensowenig ist es Zufall, dass sich die grundsätzliche Wahrnehmung des totalitären Regimes bei Klemperer folgendermaßen ausdrückte: »Hauptsache für die Tyrannis jeglicher Art ist das Unterdrücken des Fragetriebs.«[348]

Der Tyrannei, die ihr *kein Dennoch* allen aufzwingen möchte, setzt die Philosophie beharrlich ihre Kunst entgegen, Fragen zu formulieren. »Was ist Aufklärung?«, fragte Kant. Seine berühmte erste Antwort bestand darin, den »Ausgang des Menschen aus seiner selbstverschuldeten Unmündigkeit« als grundlegende Notwendigkeit zu postulieren. Das müsse einhergehen mit einem Aufstand des Menschen gegen alle Formen der Unterdrückung, seien sie militärischer, bürokratischer oder religiöser Natur: »Zu dieser Aufklärung wird nichts erfordert als *Freiheit*; und zwar die unschädlichste unter allem, was nur Freiheit heißen mag, nämlich die: von seiner Vernunft in allen Stücken *öffentlichen Gebrauch* zu machen. Nun höre ich aber von allen Seiten rufen: räsoniert nicht! Der Offizier sagt: räsoniert nicht, sondern exerziert! Der Finanzrat: räsoniert nicht, sondern bezahlt! Der Geistliche: räsoniert nicht, sondern glaubt!«[349]

Klemperer, wie jeder gebildete Deutsche, wusste, dass der höchste Zweck der Vernunft im letzten Teil der *Kritik der reinen Vernunft* mit Hilfe von drei berühmten Fragen formuliert wurde: »Was kann ich wissen? Was soll ich tun? Was darf ich hoffen?«[350] In Bezug auf die letzte Frage – die natürlich für jeden von entscheidender Bedeutung ist, der sich unfreiwillig in einen historischen Prozess gestürzt sieht,

347 Victor Klemperer, *Ich will Zeugnis ablegen bis zum letzten*, a. a. O., Bd. I, S. 641 (Zelle 89).

348 Ebd., Bd. I, S. 402 (10. April 1938).

349 Immanuel Kant, »Was ist Aufklärung?«, in: *Was ist Aufklärung? Thesen und Definitionen*. Hg. von Ehrhard Bahr. Stuttgart: Reclam 1981, S. 9 und S. 11.

350 Immanuel Kant. *Kritik der reinen Vernunft*. Hg. von Raymund Schmidt. Hamburg: Felix Meiner 1976, S. 728.

in dem sein Leben auf dem Spiel steht – bringt Kant zwei wichtige Präzisierungen an: einerseits ist die Frage nach der Hoffnung in einem Bereich angesiedelt, der zugleich »praktisch und theoretisch« ist; das legt nahe, dass sie eine Brücke zwischen diesen beiden Dimensionen schlägt, so wie die Einbildungskraft die Brücke zwischen Sinnlichkeit und Intelligiblen schlägt; andererseits ist ihr grundlegender Charakter an Folgendem zu erkennen: »[…] alles *Hoffen* geht auf Glückseligkeit, und ist in Absicht auf das Praktische und das Sittengesetz eben dasselbe, was das Wissen und das Naturgesetz in Ansehung der theoretischen Erkenntnis der Dinge ist. Jenes läuft zuletzt auf den Schluß hinaus, daß etwas *sei* (was den letzten möglichen Zweck bestimmt), *weil etwas geschehen soll* […].«[351] Das ist der Grund, weshalb man hofft – trotz aller Regime und aller oktroyierten Gesetze, die *kein Dennoch* und *kein Warum* zulassen.

Wenn man Klemperers *Tagebuch* liest, begreift man besser, weshalb er sich vom 18. Jahrhundert »verfolgt« fühlt: »Vor allem beschäftigt mich immerfort die Frage der intellektuellen Phantasie […]«.[352] Und ebenso beschäftigt ihn die für die Aufklärung typische Tugend der Kritik: »Ich zwinge mich jetzt in die ›Confessions‹ [von Rousseau] hinein […]«, schreibt er beispielsweise.[353] Aber einige Monate später steht er ohne Mittel und ohne freundschaftliche Hilfe da und kann seine Arbeit über die Literatur dieses Jahrhunderts der Emanzipation nur schlecht fortführen: »›Émile‹-Kapitel ganz fertig. Ich schrieb an Wengler, von dem ich Monate nicht gehört, ob er mir aus der Seminarbibliothek die kritische Ausgabe der ›Héloise‹ (und etliches andere) entleihen könne. Er kam am Sonntag nachmittag mit seiner Schwester her: er wage es nicht, das neue Beamtengesetz

351 Ebd., S. 728 f.

352 Victor Klemperer, *Ich will Zeugnis ablegen bis zum letzten*, a. a. O., Bd. I, S. 98 f. (19. März 1934).

353 Ebd., Bd. I, S. 272 (12. Juni 1936).

sei zu streng … deutschblütige Menschen … und so. Es war tapfer, daß er mich überhaupt besuchte.«[354]

In dem unheilvollen Kontext, in dem sich die bedingungslose Herrschaft der »deutschblütigen Menschen« über alle anderen ausweitete – wie absurd und grotesk diese Unterscheidung auch immer war –, blieb dem Philologen der Aufklärung nichts anderes übrig, als *Hoffnung in diese Vergangenheit* zu setzen: »Mein Denken ist jetzt ganz und gar das voltairisch kosmopolitische. Jede nationale Umgrenzung erscheint mir als Barbarei.«[355] Seine 1929 veröffentlichte Untersuchung zu den fruchtbaren Migrationsmomenten der europäischen Kultur barg im Begriff der europäischen und der Weltliteratur[356] eine Art Hoffnung auf eine Epoche, in der ein Ausländer in zwei oder mehr Ländern und in zwei oder mehr Sprachen Gehör finden konnte.

Es lässt sich nachvollziehen, dass die *Hoffnung* Klemperers auf seine eigene Gegenwart nur eine war, die sich *mit Müh und Not* aufrechterhalten ließ. Aber er unterstellte so etwas wie eine Dialektik, nämlich zwei mögliche Entwicklungen von »Müh und Not«. Auf der einen Seite bedeutete sie eine tägliche Minderung des Lebens, wovon jede Seite seines *Tagebuchs* zeugt, und damit eine tragische Minimierung des Hoffnungsspielraums aufgrund der »Not«, in die man ihn als Jude brachte: Es gab also stets nur »notdürftige Hoffnung«. Aber auf der anderen Seite drückte sich Klemperers Hoffnung in dem aus, was sein *Tagebuch* zu einem großen Werk der Zeugenschaft werden ließ: in dem nicht minder täglichen Anspruch, den Hoffnungsspielraum trotz allem durch hartnäckige Arbeit zu vergrößern – dieser *Mühe, die Hoffnung schafft*.

354 Ebd., Bd. I, S. 337 (11. Februar 1937).
355 Ebd., Bd. I, S. 430 (9. Oktober 1938).
356 Victor Klemperer, »Weltliteratur und europäische Literatur«, a. a. O.

Damit eine Erzählung Energie freisetzt

Wie gelingt es, das, was passiert, zu denken, wenn es undenkbar war? Wie – notdürftig oder aus der Not heraus – Hoffnung schöpfen angesichts einer solch erschreckenden Herausforderung? Victor Klemperer, der mit ganzem Herzen und sein ganzes Leben lang Deutscher war, sah sich von einem auf den anderen Tag aus der deutschen Gesellschaft ausgeschlossen, von dem gewählten politischen Regime verfolgt und mit dem Tode bedroht. Und das, weil er Jude war. Tatsächlich war er der Sohn eines Rabbiners. Als Erwachsener jedoch traf er zwei Entscheidungen, die für seine Generation typisch waren: Er heiratete eine Protestantin und konvertierte recht früh zum Protestantismus – die übliche Voraussetzung, um sich an der damaligen Universität die Aussicht auf eine Stelle zu sichern. Durch und durch deutsch (aufgrund seiner Sprache und seiner Kultur) und durch und durch nicht-religiös (ganz im Geiste der Aufklärung) reflektiert er im Verlauf seines *Tagebuchs* und angesichts der sich dramatisch verschlechternden Lebensbedingungen immer schärfer die existentielle Bedingung, aus der sein Unglück resultiert, sein Jüdischsein.

Es ist außerordentlich bedeutsam, dass bereits 1934 Heinrich Heine – der deutsche Jude schlechthin, der Kosmopolit par excellence, der Engel der Sprache – in Klemperers *Tagebuch* in den Rang eines Propheten erhoben wird: »Vor einigen Tagen machte mich Blumenfeld auf die Schlußseiten in Heines ›Zur Geschichte der Philosophie und Religion in Deutschland‹ aufmerksam, auf die ihn selbst ein Bekannter hingewiesen hat. Sie packten mich ungeheuer. Eine solche Prophetie! [...] Für alle meine

Arbeiten zu benutzen.«[357] Worin bestand seine Prophetie? Heine stellte sich vor, was aus der produktiven Begeisterung der Französischen Revolution in Deutschland werden könnte – und es ist, als sagte er die hasserfüllte Nachahmung des Sozialismus und die Brutalisierung voraus, die die nationalsozialistische Konterrevolution zwischen 1918 und 1933 vor allem gegenüber den Hoffnungen der Spartakisten betrieb: »[…] die deutsche Revolution wird darum nicht milder und sanfter ausfallen, weil ihr die Kantsche Kritik, der Fichtesche Transzendental-Idealismus und gar die Naturphilosophie vorausging. […] Es werden Kantianer zum Vorschein kommen, die auch in der Erscheinungswelt von keiner Pietät etwas wissen wollen, und erbarmungslos, mit Schwert und Beil, den Boden unseres europäischen Lebens durchwühlen, um auch die letzten Wurzeln der Vergangenheit auszurotten. Es werden bewaffnete Fichteaner auf den Schauplatz treten, die in ihrem Willens-Fanatismus, weder durch Furcht noch durch Eigennutz zu bändigen sind; […]. Doch noch schrecklicher als Alles wären Naturphilosophen, die handelnd eingriffen in eine deutsche Revolution und sich mit dem Zerstörungswerk selbst identifizieren würden. […] so wird der Naturphilosoph dadurch furchtbar sein, daß er mit den ursprünglichen Gewalten der Natur in Verbindung tritt, daß er die dämonischen Kräfte des altgermanischen Pantheismus beschwören kann […]. Es wird ein Stück aufgeführt werden in Deutschland, wogegen die französische Revolution nur wie eine harmlose Idylle erscheinen möchte.«[358]

Im *Tagebuch* Klemperers wird deutlich, dass dort, wo Heine etwas über die politische Lage in Deutschland weissagte, andernorts Franz Rosenzweig auftauchen wird, um – zwischen biblischer Tradition und philosophischer

357 Victor Klemperer, *Ich will Zeugnis ablegen bis zum letzten*, a. a. O., Bd. I, S. 131 (1. August 1934).

358 Heinrich Heine, *Religion und Philosophie in Deutschland* (1834). In: Ders., *Sämtliche Schriften*, Bd. 5. Hg von Klaus Briegleb. München/Wien: Carl Hanser 1976, S. 638–640.

Moderne – etwas über die jüdische Lage in den »finsteren Zeiten« des Totalitarismus zu prophezeien. Klemperer stürzt sich also in die riesige Korrespondenz Rosenzweigs – an die 750 Seiten in der Ausgabe, die er verwendete.[359] Er spricht dabei von einer »verzweiflungsvollen Lektüre«.[360] Aber er beharrt auf seinen Bemühungen und sagt zwei Tage später, er erfasse nach und nach die Bedeutung der Texte: »Aus dem Rosenzweig-Meer des Unverständlichen fische ich immer wieder Wichtiges, und so komme ich nicht los.«[361] Was aber ist ihm so »wichtig« nach einer letztlich so »verzweiflungsvollen« Lektüre? Es scheint so, als habe Klemperer im *Tagebuch* selbst weder die Zeit noch die Energie gehabt, dieser Frage nachzugehen. Sie war gleichwohl entscheidend.

In der Tat betraf sie Klemperers gesamte Beziehung zu seiner eigenen Abstammung. Es ist begreiflich, dass zwei gedankliche Grundprinzipien bei Rosenzweig, und bei dem ihm so eng verbundenen Martin Buber, dem Philologen Unbehagen bereiteten: Erstens wollte Rosenzweig zu hoch hinaus und tendierte dazu, sich »ins Mystische« zu verlieren, während der Autor des *LTI* seinerseits bei seinen »Schusterleisten«[362] bleiben wollte; zweitens aber sah Klemperer – zu Recht oder zu Unrecht – in dieser Art des Denkens eine zu enge Verbindung zu der damaligen zionistischen Doktrin, der gegenüber er im ganzen *Tagebuch* und auch später im *LTI* gravierende Vorbehalte äußerte: »Das Wesen des Judentums, die Berechtigung des Zionismus sind nicht mein Thema. […] Derselbe Stil, der für Buber charakteristisch ist, dieselben Worte, die bei ihm einen besonders feierlichen Glanz haben, so wie Bewährung, das Einmalige

359 Vgl. Franz Rosenzweig, *Briefe*. Unter Mitwirkung von Ernst Simon ausgewählt und hg. von Edith Rosenzweig. Berlin: Schocken Verlag 1935.
360 Victor Klemperer, *Ich will Zeugnis ablegen bis zum letzten*, a. a. O., Bd. II, S. 545 (17. Juli 1944).
361 Ebd., Bd. II, S. 546 (19. Juli 1944).
362 Victor Klemperer, *LTI*, a. a. O., S. 239.

und die Einmaligkeit: wie oft bin ich alledem auf nazistischer Seite begegnet, bei Rosenberg und bei manchem Kleineren […].«[363] Nachdem Klemperer – ach so schmerzvoll – einem gewissen deutschen Nationalismus, der durch alte Assimilationshoffnungen gerechtfertigt war, abgeschworen hatte, war er verständlicherweise nicht bereit, den Wunsch nach welcher »Nation« auch immer zu akzeptieren.

Und gleichwohl ist es ein Satz von Franz Rosenzweig, den Klemperer letztlich ausgewählt und seinem Hauptwerk *LTI* als Motto vorangestellt hat: »Sprache ist mehr als Blut.«[364] Es ist durchaus denkbar, dass zwei einander ergänzende Wünsche ihn zu dieser sehr ungewöhnlichen Wahl veranlasst haben: auf der einen Seite der ausdrückliche Wille des *materialistischen Philologen*, der der nationalsozialistischen Mystifikation von Rasse und Blut stets widersprochen und sie durch seine Analysen dekonstruiert hat, um einem elementaren Grundsatz zur Anerkennung zu verhelfen: Deine Wahrheit liegt nicht in Deinem Blut, sondern in der Sprache, wie Du sie sprichst; auf der anderen Seite der implizite Wunsch, all seine Bemühungen, all sein Wissen mit einer bestimmten *Sprachphilosophie* zu verknüpfen, die die jüdische Tradition bis in die Höhen – oder Abgründe – einer immerwährenden Dialektik zwischen »Offenbarung« und »Finsternis« getragen hatte. War es nicht ebenfalls eine Verfahrensweise, als Kliniker der totalitären Sprache die Macht der Sprache aufzuzeigen, die Franz Rosenzweig, Walter Benjamin oder Gershom Scholem, jeder auf seine Weise, in den Mittelpunkt jeglicher Geschichtsbetrachtung gestellt haben?

Möglicherweise hat Klemperer niemals aufgehört, zwischen diesen beiden Wünschen hin- und herzuschwanken. Der materialistische Philologe brach zweifellos in gewisser Weise mit dem väterlichen Erbe, dem heiligen Kommentar, der Sprache als Ritual und Vehikel des Glaubens; aber der

363 Ebd., S. 239 f.

364 Ebd., S. 8.

Sprachphilosoph fand tatsächlich in den kleinsten Teilen der Sprache die ihr innewohnende Macht wieder. Letzten Endes wäre es sogar möglich, das *Tagebuch* Klemperers als eine Art »Rückkehr des Odysseus« zu seiner eigenen Abstammung zu lesen – zugegebenermaßen, eine (durch die antisemitische Unterdrückung selbst) erzwungene Rückkehr: also eine schmerzvolle, turbulente, zwiespältige, erschütternde Rückkehr. All dies entwickelt sich wie die Anamnese eines verfolgten Juden mittels aufeinanderfolgender Fakten und Affekte hin zu einem Überdenken seiner eigenen existentiellen Situation. Und das ist wahrlich nicht einfach.

Klemperer nahm mithin eine unbequeme Zwischenstellung ein: nicht ganz jüdisch (zumindest anfangs nicht) und doch ganz Jude (aufgrund seines Schicksals). Er lief also plötzlich Gefahr, überall geächtet zu werden. Sein Bruder Georg – so zumindest glaubt Klemperer 1936 – hielt ihn »offenbar für ehrlos, weil [er] in Deutschland« blieb.[365] Andererseits kommt er zur selben Zeit zu dem Schluss, »daß die NSDAP die Volksstimmung ganz richtig bewertet hat und daß der jüdische Traum vom Deutschsein doch wohl ein Traum gewesen ist. Das ist mir die bitterste Erkenntnis«.[366] Gleichwohl kritisiert er weiter heftig die zionistischen Ansichten eines Großteils seines Umfelds.[367] Als Klemperer im Mai 1940 mit seiner Frau zum ersten Mal in ein »Judenhaus« einziehen musste, listete er die Bücher auf, die ihm noch blieben: »[...] von meinen Büchern hierher *nur* die Wörterbücher, Lanson und Scherer und Meyer, Grammatiken der modernen Sprachen und meine eigenen wissenschaftlichen Opera«, aber auch Papiere, die er für besonders wichtig hielt, darunter »die handschriftlichen Talmudverse, von denen ich gelegentlich Maschinenmanuskript herstellen will.«[368]

365 Victor Klemperer, *Ich will Zeugnis ablegen bis zum letzten*, a. a. O., Bd. I, S. 247 (6. März 1936).
366 Ebd., Bd. I, S. 308 (27. September 1936).
367 Vgl. ebd., Bd. I, S. 454, 457 f., etc.
368 Ebd., Bd. I, S. 530 (26. Mai 1940).

Ein Jahr später tritt der Kontrast zu seinen früheren Anschauungen offen zutage: »Früher hätte ich gesagt: Ich urteile nicht als Jude [...]. Jetzt: Doch, ich urteile als Jude, weil ich als solcher von der jüdischen Sache im Hitlertum besonders berührt bin [...].«[369] Nahezu alle seine früheren Gefühlsregungen verkehren sich in ihr Gegenteil: »Jahre hindurch war ich zuversichtlich und die Judenheit um mich schwarz-pessimistisch. Jetzt ist es genau umgekehrt.«[370] Nun vertieft er sich in Ismar Elbogens *Geschichte der Juden in Deutschland* und übernimmt von einem Bekannten, der zwangsweise umziehen muss, »eine dreibändige volkstümliche Ausgabe von [Heinrich] Grätz, ›Geschichte der Juden‹«.[371] In beiden Fällen stellt er ausdrücklich Fragen zu seinem Schicksal im Vergleich zu seinem Vater; angesichts der Bücher von Grätz schreibt er in Klammern: »[...] (den Elfbänder in seinen gelblich marmorierten Pappbänden sehe ich noch auf Vaters Regal, darunter habe ich geschlafen; den ließ ich bei Vaters Tod ruhig als ›jüdische Literatur – ohne Interesse für mich‹ – verkaufen!) [...].«[372]

Bald darauf, als sich die Todesfälle um ihn herum häufen, findet sich Klemperer immer öfter auf dem jüdischen Friedhof von Dresden wieder. Er greift also aus offensichtlichem Zusammengehörigkeitsgefühl die Gesten jüdischer Rituale wieder auf, wobei er eine Mischung aus Verlegenheit – weil er bestimmte Gesten vergessen hat – und Sarkasmus gegenüber den aufgesetzten, wenn nicht gar scheinheiligen Tonfall der Trauerreden verspürt: »Den Vormittag setzte ich an den jüdischen Friedhof, wo die Urne des ›auf der Flucht erschossenen‹ Arndt eingesegnet wurde. Der Friedhofsverwalter Jacobi las eine richtige kleine Predigt mit eintöniger Salbung vom Blatt. Scheußlich. ›Er war ja so beliebt.‹ – ›Er hat zwei Jahre in überaus glücklicher Ehe gelebt, seine Gat-

369 Ebd., Bd. I, S. 588 (16. April 1941).
370 Ebd., Bd. I, S. 653 (21. Juli 1941).
371 Ebd., Bd. II, S. 56 (27. März 1942) und S. 114 (8. Juni 1942).
372 Ebd., Bd. II, S. 114 (8. Juni 1942).

tin ging nach England, er konnte nicht mehr folgen.‹ (Es ist aber bekannt, daß er sich hier mit guter Freundin tröstete.) – ›Denn meine Wege sind nicht deine Wege‹ … Wir wollen Vertrauen zum väterlichen Gott haben … Jacobi sprach dann das Kaddisch; es war mir peinlich, daß man mir zuflüstern mußte: ›Nach Osten wenden!‹ […] Es hatte in der Nacht geschneit und schneite noch, ich ging mühsam zum Friedhof, voller Sorge vor erneutem Schneeschnippen.«[373] Einen Monat später stellt er mit einer Mischung aus Ironie und Beklommenheit fest, dass der Friedhof zu einem seiner vertrautesten Ziele geworden ist: »Gestern auf dem jüdischen Friedhof – da bin ich jetzt fast zu Hause […].«[374]

Klemperer interpretiert nun seine eigene Angst als einen schlichten Teil der Angst, die die gesamte jüdische Bevölkerung verspürt: »Ich bin fortgesetzt sehr abgespannt – Herzbeschwerden, ständige Müdigkeit – und sehr deprimiert. Die Depression teile ich mit der ganzen Judenheit.«[375] Aber die Art und Weise, wie er mit der Depression »der ganzen Judenheit« umgeht, wird für ihn auch ein Weg sein, um wahrzunehmen, wo sich ein Spalt für Hoffnung auftut. Denn diese Depression hat ihre eigene Sprache, die auf Stillstand und permanenter Furcht beruht; aber sie lässt mitunter auch Wortwitze aufblitzen und stellt unter Beweis, dass sie immer noch über *Spielfreude* verfügt: »Alle [im *Judenhaus*] sind sie demoralisiert und entnervt, jeder warnt vor jedem, rät zu Schweigen und Vorsicht und ist selber unvorsichtig. Ich vertrete immer den Standpunkt des absoluten furcht- (*nicht* angst-)losen Fatalismus. Berger zitierte, was schon alt sein soll, mir aber neu war: ›Wir sind durchs Rote Meer gekommen, wir werden auch durch die braune Scheiße kommen!‹«[376]

An diesem einzigen Beispiel kann man sehen, wie sehr Klemperers philologische Aufmerksamkeit nicht bei der

373 Ebd., Bd. II, S. 303 f. (3. Januar 1943).

374 Ebd., Bd. II, S. 325 (5. Februar 1943).

375 Ebd., Bd. II, S. 346 (29. März 1943).

376 Ebd., Bd. II, S. 565 f. (21. August 1944).

bloßen Beobachtung des *Sprachgeschehens* stehenbleibt, sondern dafür Sorge trägt, dessen symptomatisches Auftauchen inmitten des *affektiven Geschehens* (nämlich der »demoralisierten und entnervten« Juden) festzuhalten, das seinerseits von *historischen Geschehnissen* hervorgerufen wurde. Klemperer *beschreibt* also nicht einfach nur Sprache: Er ist auch *Chronist*[377] jener Zeit, der auf die Verknüpfungspunkte zwischen dem, was passiert (historische Geschehnisse), was man empfindet (affektives Geschehen) und worüber man spricht (sprachliches Geschehen), aufmerksam macht. Gleichwohl wehrt er in aller Bescheidenheit ab, voll und ganz ein Historiker seiner Zeit zu sein: »Die großen Linien der Historie überlassen, das kleine Selbstbeobachtete für Curriculum notieren.«[378]

Man könnte sogar sagen, dass seine Art, all dies zusammenzustellen – und damit den maßgeblichen Wert von Montagen zu betonen, den das Nebeneinander verschiedener Aspekte in derselben Situation besitzt –, den *Analytiker* in ihm oder zumindest den »Zuhörer« von Symptomen verrät. So unterhält er sich beispielsweise an einem Tag im Jahr 1944 im »Judenhaus« mit einem Gefährten, der ihm vorwirft, er wisse rein gar nichts davon, *was* um sie herum *wirklich*, d. h. militärisch, *passiert*. Klemperer vertritt in seiner Antwort nicht nur seine »mikrologische« Sichtweise, sondern weist seinen Zuhörer – der ihm gerade zwei seiner Gefühle anvertraut hat, nämlich das der Angst und das der Beherztheit – darauf hin, dass sein Studienobjekt eben das ist, *was in ihm selbst vorgeht*: »Gespräch mit Stühler senior: ›Ich will Zeugnis ablegen.‹ – ›Was Sie schreiben, ist alles bekannt, und die großen Sachen, Kiew, Minsk etc., kennen Sie nicht.‹ – ›Es kommt nicht auf die großen Sachen an, sondern auf den Alltag der Tyrannei, der vergessen wird. Tausend

377 Vgl. Hannes Heer (Hg.), *Im Herzen der Finsternis. Victor Klemperer als Chronist der NS-Zeit*, Berlin: Aufbau Verlag 1997.

378 Victor Klemperer, *Ich will Zeugnis ablegen bis zum letzten*, a. a. O., Bd. I, S. 480 (29. August 1939).

Mückenstiche sind schlimmer als ein Schlag auf den Kopf. Ich beobachte, notiere die Mückenstiche …‹ Stühler eine Weile später: ›Ich habe mal gelesen, die Angst vor einer Sache ist schlimmer als das Ereignis selber. Wie sehr graute mir vor der Haussuchung. Und als die Gestapo kam, war ich ganz kalt und trotzig. Und wie uns das Essen hinterher geschmeckt hat! All die guten Sachen, die wir versteckt und die sie nicht gefunden hatten.‹ – ›Sehen Sie, das notiere ich!‹«[379]

Als Philologe, Beschreibender, Chronist und Analytiker hat sich Victor Klemperer, ohne auch nur den Anspruch darauf zu erheben, die Kunst des *Erzählers* zu eigen gemacht, deren ethische Funktion Walter Benjamin so eindrucksvoll dargelegt hat. Diese Kunst wurzele nämlich in der »Erfahrung, die von Mund zu Mund geht«; sie zögere nicht, sich in aller Bescheidenheit auf das »praktische Interesse« einzulassen, sie wisse »dem Hörer Rat«, und »Rat, in den Stoff gelebten Lebens eingewebt, ist Weisheit«; sie biete etwas ganz anderes als eine sachliche »Information« oder ein heroischer »Roman«; sie beeindrucke aufgrund ihrer »keuschen Gedrungenheit«, die weit mehr über die Psyche aussage als jeder lange psychologische Kommentar; ihr Wert liege in ihrer »Keimkraft«, d. h. in ihrer Kraft, sich eines Tages zu entfalten, auch wenn sie eine Zeitlang im Verborgenen geblieben sei oder nicht habe gehört werden können; sie forme demnach eine Erinnerung, und das auf der Grundlage dessen, was Benjamin als die »Autorität« des Sterbenden bezeichnet – ein Zustand, den Klemperer viele Male erfahren musste (dessen *Tagebuch* von Zerstörung und der als Autor vom Tod bedroht war).[380]

379 Ebd., Bd. II, S. 503 (8. April 1944).

380 Walter Benjamin, »Der Erzähler. Betrachtungen zum Werk Nikolei Lesskows« (1936), in: ders., *Gesammelte Schriften*, Bd. II·2. Unter Mitwirkung von Theodor W. Adorno und Gershom Scholem hg. von Rolf Tiedemann und Bernd Schweppenhäuser. Frankfurt: Suhrkamp Verlag 1977, S. 440–442, S. 444, S. 446, S. 450.

Benjamin schließt seinen Aufsatz mit der Feststellung, der Erzähler sei »die Gestalt, in welcher der Gerechte sich selbst begegnet«.[381] So war Victor Klemperer: Jedesmal wenn er über ein Ereignis, mochte es nun alltäglich oder schrecklich sein, berichtete, bemühte er sich um Richtigkeit und Gerechtigkeit. Zur gleichen Zeit, in der Benjamin die Erkenntnislehre und Poetik der Erzählkunst entwarf, praktizierte Klemperer sie, indem er tausend kleine Dinge beschrieb und zusammenfügte, eines nach dem anderen mit größtmöglicher Präzision – so zum Beispiel auf den ersten Seiten seines *Tagebuchs*: »In einem Spielzeugladen ein Kinderball mit Hakenkreuz.«[382] Ein simpler Ball in einem Spielzeugladen? Ein winziger Gegenstand, in der Tat, an dem man exemplarisch das ganze Ausmaß der politischen und menschlichen Tragödie jener Zeit vor Augen führen kann. Dieses zufällig erhaschte Bild mag sich im Vergleich zu dem historischen Phänomen, in das es eingebettet ist, winzig, wenn nicht sogar lächerlich ausnehmen. Aber für Klemperer repräsentierte es dennoch einen Kristallsplitter – einen von Myriaden –, aus dem sich die ganze Situation erschließen ließ.

Bei diesem Ball handelt es sich um *tatsächliches Geschehen*, das Klemperer bezeugt, weil er es gesehen hat. Er vermutet, dass ein Hersteller tatsächlich entschieden hat, dieses ekelhafte politische Spielzeug für das herrschende Regime zu produzieren. Es handelt sich zugleich um ein *sprachliches Geschehen*, da das Hakenkreuz zum Zeichen unter den Zeichen wurde, wie ein Buchstabe, der über allen anderen des deutschen Alphabets stand. Zudem handelt es sich um ein *affektives Geschehen*, da die Kinder ihren Spaß daran haben werden, während Klemperer seinen Schauder in dem schlichten Kommentar zusammenfasst: »Entsetzlich!«[383]

381 Ebd., S. 465.
382 Victor Klemperer, *Ich will Zeugnis ablegen bis zum letzten*, a. a. O., Bd. I, S. 16 (30. März 1933).
383 Ebd.

Sehr viel später wird er sich angesichts eines Fanfarenumzugs der Hitlerjugend in seinem *Tagebuch* die Frage stellen: »Wie lange wird es dauern, bis man aus diesen Kinderköpfen den nationalsozialistischen Unrat entfernt haben wird?«[384] Lange schon, bevor er selbst dem Ganzen entronnen war, ohne irgendeine reale Perspektive, was die militärische Entwicklung des Weltkrieges anbetrifft, machte sich Klemperer schon Sorgen um die Zukunft. Sein Bericht gibt sich also keineswegs mit der erzählten Gegenwart zufrieden, sondern sorgt sich immer wieder auch um das Morgen, die Zukunft, den historischen Sinn. Von daher handelt es sich voll und ganz um einen Bericht *zeitgeschichtlicher Geschehnisse*.

Zwar erzählt das *Tagebuch* von heute bereits Vergangenem. Aber es erzählt davon in einer Art und Weise, die verdeutlicht, wie schwierig es sein wird, all dies zu bewältigen – eine Aufgabe, die uns, seinen Lesern zufällt. Tatsächlich wird es niemals oder niemals ganz bewältigbar sein. Auch das Böse hat seine Überlebensstrategien. Das entlastet uns nicht, es verpflichtet uns vielmehr dazu, alle möglichen Maßnahmen zu ergreifen, um seine Rückkehr zu bekämpfen. Klemperer findet dafür starke Worte, wenn er schreibt: »Die rituellen Juden pflegen trefe [unrein] gewordene Gefäße zu reinigen, indem sie sie eingraben. So wird man das Wort ›Führer‹ auf lange Zeit vergraben müssen, ehe es wieder rein und gebrauchsfähig ist.«[385] Als er dasselbe Motiv im *LTI* aufgreift, erweist er sich, wie so häufig, als sehr viel fatalistischer: »Aber die Sprache des Dritten Reichs scheint in manchen charakteristischen Ausdrücken überleben zu sollen; sie haben sich so tief eingefressen, daß sie ein dauernder Besitz der deutschen Sprache zu werden scheinen.«[386] Dies schrieb er in der sowjetischen Besatzungszone, der zukünftigen DDR, in der Zeit des Stalinismus, einem Moment

384 Ebd., Bd. II, S. 481 (30. Januar 1944).
385 Ebd., Bd. I, S. 123 (14. Juli 1934).
386 Victor Klemperer, *LTI*, a. a. O., S. 24.

also, in dem sich die deutsche Erinnerung im allgemeinen nur höchst unsensibel mit der Vernichtung der europäischen Juden befasste.[387]

Was das *Tagebuch* Klemperers erzählt, geht mithin weit über die Alltäglichkeit der darin festgehaltenen Ereignisse hinaus. Die Lektion des Weisen – der Richtigkeit, einer Qualität des Gerechten – besteht vielmehr darin, dass *seine Erzählung uns stärkt*. Ich will damit sagen, dass es uns nicht nur eine historische, philologische und sogar anthropologische Quelle liefert, um den Totalitarismus zu begreifen, sondern darüber hinaus eine affektive Quelle, damit wir selbst nicht in die emotionale Falle des *kein Dennoch* gehen. In diesem Sinne war Klemperer ein unersetzbarer Zeuge für alle Nuancen erlebter Emotionen, für alle Details von Geschehnissen und alle Varianten gesprochener Worte. Ein *sensibler Zeuge* also. Er hat nicht den von Leo Strauss beschriebenen Weg gewählt, auf die Verfolgung mit jener Kunst des »Zwischen-den-Zeilen-Schreibens« zu antworten.[388] Wenn Klemperer eine List angewendet hat, dann sicher nicht gegenüber der Sprache, die er nahezu religiös für ein Organ der Wahrheit hielt. Er war listig in seiner Klandestinität, griff aber nicht zu sprachlicher Doppelbödigkeit. Seine Sprache ist peinlich genau, direkt, aufrichtig und erschütternd. Man entdeckt beim Lesen, dass in die Sprachgewalt eine *affektive Macht von Wahrheit* einfließt. Wie Emanuel Ringelblum, der zur gleichen Zeit sein *Tagebuch* über das *Ghetto Warschau*

387 Vgl. Enzo Traverso, *Die Juden und Deutschland. Auschwitz und die »jüdisch-deutsche Symbiose«*. Aus dem Französischen von Christiane Landgrebe. Berlin: BasisDruck Verlag 1993, S. 177–187. – Vgl. Paola Traverso, »›Klemperer, c'est nous!‹ Sur la réception allemande des journaux de Klemperer«. Ins Französische übertragen von G. Lombardi, in: *Revue des sciences sociales*, Nr. 40, 2008, S. 196–207.

388 Vgl. Leo Strauss, »Verfolgung und die Kunst des Schreibens« (1952), in: Leo Strauss, Alexandre Kojève, Friedrich Kittler, *Kunst des Schreibens*. Hg. von Andreas Hiepko. Aus dem Englischen von Andreas Hiepko. Berlin: Merve Verlag 2009, S. 26. – Vgl. Frédéric Joly, *La langue confisquée. Lire Victor Klemperer aujourd'hui*, a. a. O., S. 9f.

schrieb,[389] hat Victor Klemperer sein *sensibles Schreiben* gegen die Lügen des totalitären Diskurses, gegen das Leben in Unterdrückung, gegen die politische Tyrannei allen Widerständen zum Trotz verfasst. Immer wieder kehrt die Sprache, kehren die damit verbundenen Gefühle zu uns zurück. Es ist unsere Aufgabe, sie bei jedem Schritt gut zu gebrauchen, zum Teilen und Mitteilen, wozu uns Sprache und Gefühle bestimmen.

389 Emanuel Ringelblum, *Ghetto Warschau. Tagebücher aus dem Chaos*. Eingeleitet von Professor Dr. Arich Tartakower, Insitut Yad Washem Jerusalem. Stuttgart: Seewald Verlag 1967.

Bibliographischer Hinweis

Dieser Text war zunächst als ein Kapitel in der sehr viel umfassenderen Arbeit mit dem Titel *Faits d'affects* gedacht. Die Inkonsequenz, die es bedeutet hätte, lediglich das Text-Kaleidoskop von Victor Klemperers *Tagebuch* zusammenzufassen, und die Notwendigkeit, so tief wie möglich in diese einzigartige Schrift einzutauchen, machten dieses neue Format erforderlich. Dies gilt um so mehr, als es bis in die Lesehypothesen hinein an den Essay über Emanuel Ringelblum anknüpft, der zuvor unter dem Titel *Zerstoben* veröffentlicht wurde.[390]

390 Georges Didi-Huberman, *Zerstoben. Eine Reise in das Ringelblum-Archiv des Warschauer* Ghettos. Übersetzt von Horst Brühmann. Konstanz: Konstanz University Press 2022.

Abbildungsverzeichnis

Abb. 1: Victor Klemperer, *Tagebuch*, 24. November 1942 (Detail). Tinte und Bleistift auf Papier. Dresden: Sächsische Landesbibliothek, Staats- und Universitätsbibliothek. Photo DR.

Abb. 2: Deutscher Anonymus, *Rauchspuren der Luftverbände amerikanischer Bomber über Dresden*, 16. Januar 1945. Silber-Photographie. Dresden, Stadtarchiv. Photo DR.